新媒体
与社会发展

方 伟 ———————————— 著

XIN MEITI
YU
SHEHUI
FAZHAN

文化发展出版社
Cultural Development Press

图书在版编目（CIP）数据

新媒体与社会发展/方伟著.-北京:文化发展出版社,2019.6（2023.3重印）
ISBN 978-7-5142-2622-5

Ⅰ.①新… Ⅱ.①方… Ⅲ.①传播媒介-研究 Ⅳ.①G206.2

中国版本图书馆CIP数据核字(2019)第074304号

新媒体与社会发展

方 伟 著

责任编辑：李　毅	
执行编辑：杨　琪	责任校对：岳智勇
责任印制：邓辉明	责任设计：侯　铮

出版发行：文化发展出版社（北京市翠微路2号 邮编：100036）
网　　址：www.wenhuafazhan.com
经　　销：各地新华书店
印　　刷：北京建宏印刷有限公司
开　　本：787mm×1092mm　1/16
字　　数：150千字
印　　张：9.625
印　　次：2019年6月第1版　2023年3月第5次印刷
定　　价：49.00元
ＩＳＢＮ：978-7-5142-2622-5

◆ 如发现任何质量问题请与我社发行部联系。发行部电话：010-88275710

前言
PREFACE

以互联网为代表的新兴媒体技术，自出现之始，便被社会各界人士寄予厚望。尤其是在国外，互联网的早期使用者多为业界、高校及科研院所等领域的精英人士，多被用于同行间基于专业知识所进行的超越空间与时间限制的共享、参与和合作。由此，诸多精英们基于自身的使用经历，畅想互联网技术将营造一个平等与自由的交往空间：在此空间内，最重要的是你说了什么，而不是说话人的身份。也就是说，每个人无论来自哪个国家、民族、种族、阶层、性别，在网络空间内均可脱离面对面人际传播中所受的时间、空间、社会与文化等因素的束缚，实现与他人平等民主的交流。更进一步，有些精英甚至断言，在不久的未来，互联网将实现真正的"地球村"。

可以说，作者开始互联网的研究之初，虽未直接读过上述作者的作品，但也或多或少抱有类似想法。更确切地说，在中国情境下，尤其是面临严峻的城乡发展不均衡的形势，作者将互联网使用与城乡发展联结起来，思考当有如此之巨大影响力的互联网技术为城市与农村居民逐步采纳后，能否为缩小城乡发展差距提供机遇。与此同时，当时作者正着手硕士论文的选题，于是以"数字鸿沟"为切入点，尝试探索互联网在城乡发展中所发挥的作用。

当时，互联网在全国仅有百分之十几的普及率，其中农村居民中的普及率较之全国与城镇居民要低很多。在研究层面，国内一些以"数字鸿沟"为主题的研究也围绕不同区域、不同社会群体的差异比较展开，虽然为了解此问题奠定了基础，但研究关注的焦点主要在于比较互联网使用率。同时，通过梳理国际上关于"数字鸿沟"的研究成果，发现国际上关于此问题的研究已逐步发生了转向，从网络使用率的差距转向使用方式的差距，即从"是否用"转为"如何用"的问题。当然，国际层面研究的转向与欧美等发达国家同期网络普及率高有很大关系。这些国家的学者们发现，更为公平的网络接入并不代表相似的网络使用，那些来自较为优越阶层的用户，其网络功能的使用能给他们带来更多信息、互动与参与层面的机遇；而那些弱势群体，他们则更倾向于娱乐化使用，而非通过网络获取有益的信息、实现政治与公共参与等。因此，很多学者担心新媒体的普及可能会进一步加剧社会的不均衡发展。鉴于此，面临着国内的互联网普及度在逐步提高的趋势，作者提出在借鉴国内与国际研究的基础上，从互联网的接入与使用两个层面研究中国的"数字鸿沟"问题，并以此为研究思路指导了硕士毕业论文的研究。

当年的兴趣逐步演化为学术旨向，在之后的十年间一直行走在学术道路上，探究新媒体的社会影响。虽然新媒体的形式发生了各种演进，作者的研究思路也发生各种转变，但对此主题的研究旨趣一直未变，从互联网时代的"数字鸿沟"到大数据时代的社会排斥研究，一直关注新兴技术是否能实现更为公正的社会。然而，多年来从不同切入点的研究，更倾向于证实新媒体对社会的影响似乎于离早期学者所抱有的乌托邦式幻想渐行渐远。

更确切地说，新媒体技术本身并非具备加剧或改变现有社会现状的超级能力，而是现有社会结构影响着新媒体的形态，以及嵌入结构中的人的使用习惯，最终又影响着社会的结构。以青少年网络欺凌为例，以社交媒体为代表的新媒体，本身并未助长欺凌行为，而是为那些成长于习惯用暴力解决问题的环境中的青少年提供了更多便利，而那些成长于更为平等的文化、习惯用协商解决问题的青少年，即使在匿名度高的网络空间内，也不见得会诉诸于暴力。研究也表明，近年来关于网络欺凌的研究，也是日益发现网络空间内的欺凌者与受害者并非随机出现，而是均有一定明显的群体特征。

同样，对于作者一直关注的城乡青少年群体，无论是通过早期基于互联网采用与使用的问卷调查，还是后续基于社会化媒体使用的网络空间社会资本积累的质性研究，均发现城乡发展的不均衡是影响两个群体青少年使用互联网以及最终享受的收益差异的最根本原因。那么，如果不从结构上实施干预，仅是寄希望于依靠技术的普及来解决城乡均衡发展问题，则实属本末倒置。

本书汇集了作者学术旅程各个阶段的一些研究与思考，有很多不足之处。其中尤为明显的是，书中内容涉及跨度较大，既包括十几年前结合当时情况的一些思考，也有之后的一些实证研究，无论是思考的成熟程度，还是研究的严谨程度，均有较大差异。其中一些较为成熟且与本书主题相近的研究成果，因涉及版权问题无法在此一并呈现，实属遗憾。鉴于此，本书仅希望能起抛砖引玉之作用，向关注新媒体的研究者或学术之外领域的读者，呈现一些关于新媒体的社会影响的思考视角，以加深对日益成为我们生活一部分的新媒体的理解。

目录 CONTENTS

第一章 绪 论 / 001

　　第一节　研究的社会背景 / 001

　　第二节　新媒体与社会发展 / 003

　　第三节　本书的章节安排 / 007

第二章 理论视野：新媒体、社会资本与社会发展 / 011

　　第一节　社会资本与社会发展 / 011

　　第二节　传播学领域的社会资本研究 / 017

　　第三节　新媒体与社会资本的研究 / 018

　　第四节　新媒体、社会资本与个体和社会发展 / 021

第三章 新媒体与个体赋权——青少年网络参与的研究视角 / 025

　　第一节　国际青少年参与研究的争论与转向 / 026

　　第二节　国内外青少年网络参与研究 / 029

　　第三节　青少年网络参与研究建议与展望 / 038

第四章　新媒体对个体发展的负面影响——以网络欺凌为例 / 042

第一节　网络欺凌的内涵特征 / 043

第二节　青少年如何理解网络欺凌：社会建构论的分析视角 / 045

第三节　英国应对网络欺凌的经验 / 051

第四节　我国应对网络欺凌的建议 / 054

第五章　公众参与和社会发展——以文化遗产保护志愿团体为例 / 060

第一节　研究的理论框架 / 061

第二节　研究设计 / 062

第三节　分析与讨论 / 063

第四节　结论与建议 / 069

第六章　新媒体与舆情研究：方法与进展 / 071

第一节　开展社会化媒体数据挖掘研究的四个阶段 / 072

第二节　在政治、经济与科学传播领域的应用 / 075

第三节　挑战与启示 / 078

第七章　新媒体与组织影响力传播——以美国智库为例 / 082

第一节　国内外智库与媒体传播影响力研究 / 082

第二节　国外智库新媒体传播实践——以美国兰德公司和布鲁金斯学会为例 / 085

第三节　中国智库新媒体传播影响力提升：思路与方法 / 089

第八章　新媒体与社会公正（一）：数字鸿沟理论与研究概述 / 093

第一节　研究背景 / 093

第二节　数字鸿沟：内涵与分层 / 095

第三节　"数字鸿沟"视野下的青少年网络使用 / 100

第九章　新媒体与社会公正（二）：基于城乡青少年"数字鸿沟"问题的实证研究 / 104

第一节　研究的理论框架 / 105

第二节　研究设计 / 110

第三节　研究的主要发现 / 111

第四节　结论和建议 / 115

参考文献 / 120

第一章
绪　论

第一节　研究的社会背景

处于转型期的中国正在经历急剧的社会变迁，在此背景下出现了一些新的社会现象和问题，如个体的崛起、社会的个体化进程和社会的阶层日益固化，而这些社会性因素则深刻影响着新媒体的扩散、使用方式以及所产生的影响。由此，在进行新媒体与社会发展的讨论之前，我们需要就新媒体技术及其用户所处的社会背景做出简要阐述。

一、个体的崛起及社会的个体化进程

基于贝克的第二现代性（second modernity）和个体化（individualization）的理论，以及自己对中国社会变迁的长期研究，阎云翔对新中国成立后出现的个体的崛起和社会的个体化进程进行了深入而有洞见的阐释。阎云翔提出，新中国成立后的集体化改造，虽然个体被嵌入了城市中的单位和农村中的合作社等集体之中，但个体也获得了从传统的家庭束缚中所脱嵌的机会，开始了中国社会的个体化过程。

改革开放之后，为了社会整体效率的提升，政府出台了一系列面向城市和农村居民的"松绑"政策，降低个体对原有集体在福利和保障等层面的依赖，使个体逐步从集体中脱嵌出来。脱嵌于集体的个体，需要为自己的个人发展和生活负责，将自身作为独立的个体进行经营，以适应国际和国内社会的变迁。与此同时，个体也获得了更多的个人自治和自由，开始了其对舒适和理想生活的追求。在以上自我经营和自我实现的过程中，促进了个人的崛起以及整个社会的个体化进程的深化。

阎云翔提出的社会个体化理论，为解释我们所处的宏观背景以及个体和社会的发展所面临的机遇和挑战提供了有力的分析框架。一方面，社会的个体化变迁使得个体逐步脱嵌于家庭和集体，为个人发展、追求个人权利和寻求自我身份认同提供了更多机遇、更大空间和更多选择；另一方面，脱嵌于家庭和集体，虽然可以免受家庭和集体所施加的种种束缚，但自我经营的个体较之集体经济时代的个体，其为自己负责的特征决定了他们所面临的前所未有的压力，而脱嵌的他们欠缺有效的社交网络渠道去排解这些压力，进而造成了其精神层面的孤独和迷茫，也在一定程度上解释了近年来社会中抑郁症等相关心理疾病患者呈上升趋势的原因。

二、社会阶层日益固化

面临社会阶层日益固化的局面，已经有学者开始研究阶层固化对青年发展与社会发展的影响。比如，《中国青年研究》曾于2013年6月特别企划了青年阶层固化的专题，研究青年阶层固化问题及其影响。邓志强以代际社会流动机制为切入点，指出青年群体的社会流动呈现出代际流动的继承化、代内流动的流变性的弱化，由此提出青年群体的社会流动出现了阶层固化的趋势。

吕效华和吴炜关注阶层固化视角下教育在青年发展中所起的作用，指出教育机会和教育质量的阶层不平等的现象，及其对出身于低社会阶层的青年的教育抱负和期望的影响。熊志强则致力于探讨当前青年阶层固化现象及其成因，提出当前青年阶层固化的特征，即上层的"世袭化"、中间阶层的"下流化"和下层的"边缘化"，并从先赋性与后致性因素视角指出导致青年阶层固化的主要原因。侯玲以消费为切入点，从日常生活及宏观社会的视角审视新生代农村工，关注其阶层脆弱性及其固化问题。

以上几位学者的研究，从不同视角对青年群体所面临的阶层固化的社会问题进行了阐释，并对其成因和对青年发展的影响做出了分析。另有学者则采用了实证研究的方法，通过对六省市调查数据的分析，对青年人的阶层地位信心及影响因素进行了分析。分析结果表明，面对阶层日益固化的社会环境，青年人的阶层地位信心较强，有超过70%的青年表示有信心进入中层及以上阶层，近40%青年人有向上流动的信心，缺乏信心者即预期向下流动者仅占1%；同时，研究揭示了教育年限、职业地位、个人收入、户口类别、住房情况等因素对青年人阶层地位信心的影响。

更进一步，杨文伟和马宁则超越了青年群体本身，考察了阶层固化现象在政治领域、教育领域和经济领域的主要表现，对阶层固化的结构特征及内在逻辑进行了解析，重点揭示了其所产生的损害社会公正、迟滞社会流动、诱发社会冲突以及造成"历史周期律"的轮回等社会负面效应。

第二节　新媒体与社会发展

本书对"新媒体"采取了较为宽泛的界定方式，主要指一系列具有创新特征的数字技术，包括互联网、个人电脑与手机，以便于涵盖不同阶段的各种数字技术，以及更为全面地探讨其社会发展所产生的影响。

一、新媒体技术的演进与发展

在中国，新媒体技术经历了飞速发展。以互联网技术为例，1994年4月20日，中国实现了与Internet的全功能连接，自此成为被国际上正式承认拥有全功能Internet的国家，此事件被评为1994年中国十大科技新闻之一，年度重大科技成就之一，足见此事之重要程度[①]。据中国互联网络信息中心于（以下简称CNNIC）1997年第1次发布的仅3页的"中国互联网络发展状况统计"报告，至1997年10月31日，我国上网计算机数为29.9万台，其中仅有4.9万台计算机为直接上网，其他大部分均为拨号上网；上网用户数为62万，直接上网用户仅占少数，大部分用户通过拨号上网。自此之后，CNNIC于每年年初和年中定期发布统计报告，为了解我国互联网发展状态提供决策依据。

2019年2月28日，距第1次发布报告近22年，CNNIC发布了长达135页的第43次统计报告，全面而深入地展现了中国互联网的发展状况。据此次报告显示，至2018年12月，中国互联网的发展较之1997年发生了翻天覆地的变化。以网络用户数量为例，网民数量由1997年的62万增至2018年的8.29亿，互联网的普及率达到了59.6%；上网的设备也发生了巨大变化，较之1997年以台式机上网为主，2018年使用手机上网的比例高达98.6%，使用台式电脑上网比例为48.0%，使用笔记本上网的比例为35.9%，使用电视上网的比例为31.1%。

自1994年至2018年，中国新媒体20余年的发展，不仅体现在上述

---

① 详见中国互联网络信息中心发布的中国互联网大事记，http://www.cnnic.cn/hlwfzyj/hlwdsj/201206/t20120612_27415.htm。

使用率的提高与接入网络设备的多元化,也包括网民与社会机构在网络使用层面的变化。在个体网民层面,其上网平台已从早期以门户网站为主的形式,发展为以社会化媒体为主的平台使用;上网需求也从早期获取信息为主,发展到如今包括社交、娱乐、购物、金融等在内的多元化需求;而使用方式层面也从单向的、自上而下的方式转为更强调互动与参与的方式。从机构层面来说,历经20余年的发展,政府与商业机构纷纷采纳互联网技术,开展电子政策与电子商务等活动,以期促进机构的发展。

二、新媒体与社会:正面与负面影响

新媒体技术在全社会的日益广泛使用,既受到社会性因素的影响,也对社会发展产生了长期而深远的影响。一方面,随着新媒体技术日益成为我们生活的一部分,尤其是互联网、智能手机等技术形式,其对个人、机构与社会整体的发展产生着重要而深远的影响;另一方面,作为嵌入社会结构中的技术,其自身的发展方向与对社会的影响程度,不可避免地受到社会结构中的众多要素的制约,已有研究表明新媒体技术的使用,在一些领域有所映射甚至放大现在的社会问题与矛盾。

在个体层面,众多网民通过使用各种新媒体技术,进行自我展示与表达,积极参与公共与政治事务,与他人进行跨越时空的互动与交往,开展娱乐与金融活动等,极大地便利了自身的工作与生活;然而,个体新媒体的使用也出现了一些不容忽视的问题,比如随着社会化媒体的发展而愈演愈烈的网络欺凌问题,现实生活中人际交往的日益冷漠与不友好继续延伸至网络平台,而网络社交所具有的较高的匿名度以及全天候、无处不在的特征,致使网络欺凌所产生的伤害程度远高于我们的想象,这也使得网络欺凌成为引起青少年自杀的主要因素之一。

在组织层面,包括政府与商业机构在内的众多组织机构,积极采纳新媒体技术,以加强与公众或者消费者的沟通,提升组织或者品牌知名度与影响度,以及实现政府机构服务效率的提高以及企业利益的增加。据CNNIC第43次报告数据显示,截至2018年底,我国各级政府积极依托互联网发展网上政务服务平台,推进"互联网+政务服务"深化发展,在线政务服务用户数量达到了3.94亿,极大提升了为公众服务的便利性与效率。此外,政府机构也积极通过微信、微博客户端等公众使用度较高的社会化媒体平台,发布本领域资讯,开展与公众互动,增强与公众的沟通,了解公共舆情。

然而,机构的新媒体使用并非仅带来正面影响。以商业机构为例,其对于技术的使用着眼点在于增加商业利益,由此产生一些商业机构对于新媒体的不当使用行为,导致对消费者隐私与其他权益的侵害。2017年7月,江苏省消费者权益保护委员会(以下简称"江苏省消保委")针对很多手机应用侵犯消费者个人隐私的问题,对27家有广泛使用的手机软件进行调查,发现很多企业存在问题。其中,据江苏省消保委调查结果显示,"手机百度""百度浏览器"两款手机软件,未于用户安装前告知获取其各种权限的目的、方式等,并且其中诸如"监听电话""读取联系人"等涉及消费者个人信息安全的权限,并非以上两款软件提供正常服务所必须条款,因此超出了合理的范围,由此责令其整改[①]。事后,鉴于百度公司并未做出实质性整改,2017年12月,江苏省消保委就百度公司涉嫌违法获取消费者个人信息一事,提起消费民事公益诉讼,成为全国首例针对个人信息安全提起的公益诉讼。最终,百度对两款软件进行了升级整改,江苏省消

---

① 涉侵犯用户信息 江苏消保委起诉百度,2018-01-06 07:34:08 来源:《新京报》,记者王煜;http://www.xinhuanet.com/legal/2018-01/06/c_1122218531.htm。

保委员也于软件整改到位后于 2018 年 3 月撤回对百度的起诉[①]。由此可见，对于商业机构的新媒体使用行为，急需政府相关机构对其使用行为进行合理规制，以保护消费者利益。

在社会层面，新媒体技术的较高程度普及，极大提升了公众的公共参与和政治参与程度与参与质量，不仅有效促进了经济发展，也大幅提升了政治绩效，促进了社会的整体发展。然而，由于新的技术嵌入在当今不均衡发展的社会结构中，无论是中国还是国外的研究数据都表明，新媒体技术的扩散与使用过程中，自始至终都存在着不均衡问题，即"数字鸿沟"问题。具体表现为，来自不同区域、具有不同性别、年龄、职业、教育程度等的不同群体，在接触与使用技术的程度与质量上，存在着显著的差异。而对此问题是否能及时有效解决，不仅事关社会公正问题，也影响着社会整体的均衡发展。

第三节 本书的章节安排

本书旨在探讨新媒体技术在逐步扩散的过程中，对社会发展所产生的影响。本书后面的章节主要结合理论阐述与实证研究，探讨新媒体技术如何促进了青少年个体的网络参与和志愿团体的公共参与，但同时也引发了网络欺凌的问题；如何为了解公众舆情和提供组织传播力提供便利，但同时也产生了"数字鸿沟"问题。

其中，上述提及内容，无论是基于新媒体的互动还是参与，均与社会资本理论中的核心要素有着密切关系，因此以社会资本理论作为理论与分

---

① 百度 APP 整改认错 江苏省消保委撤诉，2018-03-15 08:27 来源：《扬子晚报》，http://it.people.com.cn/n1/2018/0315/c1009-29868894.html。

析框架，引导了本书中较多章节所涉及的内容。由于社会资本理论的宏大性，及其本身所涉及诸如功能学派与批判学派等的分歧，加之新媒体形式的多样和社会的快速发展变化，本书的目的并非对新媒体与社会发展的各方面及社会资本的各个维度做出全面的展示，而是通过个别研究为主的方式，对社会中的不同个体、群体与机构通过对新媒体的使用及其社会影响做出研究和分析。

具体来说：第二章主要对社会资本、新媒体与社会发展的理论框架进行较为详细的阐述。首先阐释社会资本与社会发展的相关内容，主要包括社会资本理论的定义及测量，以及结合相关研究分别从正面和负面功能维度对社会资本与社会发展的关系做出说明；其次，简要讨论传播学领域对社会资本理论的应用及其研究成果；最后，对新媒体与社会资本的相关研究做出分析和总结。

第三章的关注点在于随着互联网的发展，对青少年网络参与所产生的影响。首先，简要介绍国际上关于青少年参与研究的主要争论及转向，以说明对青少年网络参与研究的重要性；其次进一步展开国内外青少年网络参与的研究进展；最后对我国青少年参与研究提出建议和展望，希望从赋权视角加强对未成年人在社交媒体平台上的研究参与。

第四章探讨随着社会化媒体的发展及在青少年群体中的广泛普及，对青少年发展所产生的负面影响。一方面社会化媒体为青少年提供了自我表达、社会互动与交往以及获得社会帮助的平台，以实现更广泛的网络参与和社会交往，促进青少年的发展；另一方面也引发了包括网络欺凌在内的一系列对青少年发展形成负面影响的行为。本章研究焦点在于社会建构理论框架下的青少年网络欺凌研究，去认识青少年对媒介在欺凌中所起角色的建构以及对网络欺凌本身的建构，并在借鉴英国应对网络欺凌经验的基础上，提出中国解决此类问题的应对建议。

第五章探讨在我国进入转型社会，人际交往以及信任出现新特征，并对公共参与和团体协作形成影响的背景下，以志愿参与文化遗产保护的群体为例，在普特南的社会资本理论框架下，以案例研究的方法，分析公众参与文化遗产保护行为，重点研究公众的参与是否反映了普特南定义的社会资本的特征（如信任、公众组织和参与志愿团队等），以及所产生的经济和社会影响。

第六章立足于探讨当下飞速发展的社会化媒体为舆情分析带来的机遇与挑战。一方面，随着拥有上亿级用户的社会化媒体的涌现，其平台上时刻在产生着前所未有的海量数据，这些数据大多以文本形式存在，而且多为用户自发生产，为研究公众舆情走向提供了极大的机遇；另一方面，基于社会化媒体文本的公众舆情研究又存在着数据的代表性、研究方法的透明性等问题，也为研究提出了相应的挑战。基于此，本章首先简要介绍基于社会化媒体文本数据进行舆情研究的过程与步骤；第二部分围绕经济、政治与科学传播三个领域中，基于社会化媒体舆情研究的焦点、方法与结论等，做出系统性梳理与分析；第三部分则主要关注上述研究中所涉及的问题与挑战，以及对于今后研究的启示。

第七章以新媒体与智库建设为关注点，探讨智库新媒体影响力提升的问题。智库建设对于提升决策效率与治理水平有着不容忽视的作用。基于此背景，本章致力于探讨智库如何抓住新媒体时代的机遇，充分利用好新媒体平台，以提升其传播力和产品的影响力。本章第一部分从理论层面梳理国内外在智库及其媒体传播影响力领域的相关研究，包括国外智库研究范式的演变、国外智库媒体传播影响力的研究，以及中国智库研究的主要思路及进展。第二部分主要以国际顶级智库兰德公司和布鲁金斯学会为案例，分析其如何充分利用新媒体平台，实行媒体融合战略，以提升其影响力。第三部分在以上理论与案例的基础上，从传播机制、传播主体、传播受众、传播内容、传播效果几方面，对国内智库新媒体平台影响力提升提出建议。

第八章主要从理论层面探讨新媒体技术自其早期扩散阶段即存在的负面影响，即"数字鸿沟"问题。以互联网为例，一方面互联网为居民工作生活提供了便利，也对社会经济、政治等层面效率提升提供了极大保障；但另一方面其扩散与使用过程中不可避免地产生了不均衡的问题。本章以"数字鸿沟"理论为分析框架，基于互联网接入中国早期的发展状况，以及当年国际和国内对此问题的研究与讨论，分析在中国背景下，城乡青少年群体中的"数字鸿沟"问题，以期引发学界和公众对技术所产生社会影响的更为全面的认识。

第九章则以社会资本理论为框架，基于实证研究的方法，研究城乡数字鸿沟在网络空间内的延伸。在理论层面，将以往对现实生活中社会资本的研究拓展到网络空间之中，研究在网络空间中社会资本的积累过程和机制；实践层面，通过对城乡青少年以社会化媒体为平台所维护和建立的社交网络以及积累的社会资源的比较，探讨社会化媒体在我国城乡二元结构中所起的作用，探索如何发挥新媒体作用来改善社会不平等。本章分为四部分，第一部分从社会资本的理论框架分析城乡发展不均衡现状，以及探讨互联网在改善此问题方面的潜力；第二部分主要阐述研究的总体设计；第三部分结合实证调查，展示主要研究发现；第四部分是研究的结论及研究建议。

第二章
理论视野：新媒体、社会资本与社会发展

　　社会资本理论虽然起源于社会学领域，但已是在传播学领域广为应用的理论之一。而且，社会资本理论虽然作为学术领域的一个学术概念而提出，但其影响已远远超出学术领域，成为日常交谈和政治话语的常规话题；尽管对社会资本理论的批判一直存在，但其被引用的频率已达到 20 几年前的 100 倍以上，而且各个领域对其关注度仍保持继续攀升的趋势。

　　本章主要从以下几个方面对社会资本、新媒体与社会发展的理论框架进行较为详细的阐述。首先阐释社会资本理论的定义与测量，结合相关研究分别从正面和负面功能维度对社会资本与社会发展的关系做出说明；其次，简要讨论传播学领域对社会资本理论的应用及其研究成果；最后，对新媒体与社会资本的相关研究做出分析和总结。

第一节　社会资本与社会发展

　　社会资本理论，起源于社会学领域，由法国社会学家布迪厄第一次进行系统性阐述，之后逐渐被政治、经济、法学、教育等领域所采纳，成为

社会科学领域的重要理论之一。美国社会学家科尔曼也对社会资本理论的发展做出了重要贡献，产生了一定学术影响力。但美国政治学家普特南的社会资本理论，无论在政治领域还是学术领域，都产生了最为广泛的影响。

科尔曼的社会资本理论，更强调社会交往和社会关系在社区融合中所起的作用。科尔曼痛惜传统社区的封闭性（community closure）被打破，人与人之间的信任和互助不再，取而代之的是现代社会的原子化和失范。因此，科尔曼的社会资本理论常被用于研究社区的重建、社区的融合及其对社区和区域发展的影响，而社区中的个体最终也能实现其自身的发展，实现一定的收益。

普特南的社会资本理论，则关注于更宏观层面的特征和问题。在普特南著名的开创性研究《使民主运行》中，他对意大利的不同区域做了比较，试图找出导致其经济和政治发展差异的因素。经过研究，他发现造成这一差异的关键因素是区域内居民参与公共生活的丰富程度和陌生人之间的信任程度。也就是说，那些具备更高程度公共参与和信任的区域更倾向于有更出色的经济和政治表现。因此，普特南从一个地区或者国家的公民性的视角对社会资本进行考察。普特南社会资本理论的核心是公众个体的公共参与和信任等公民性的表现，可以极大地促进区域和国家经济的发展和政治绩效的提升。

普特南、柯尔曼等学者及其追随者的社会资本研究更多关注与社会关系相关联的规范、信任、互惠、合作，以及由此产生的积极的经济、社会和政治结果（如经济发展、社会和谐、民主治理），却忽略了权力关系、等级结构和社会不平等这些结构性因素影响到且体现在社会统治阶层主导的社会规则和关系网络之中。

和普特南、科尔曼等将社会资本看作"和谐社会的润滑剂"的学者不同，布迪厄的社会资本理论从批判和反思视角，关注社会资本与社会不平等之间的关系，即社会资本在社会不平等的形成过程和进一步的再生产（reproduction）中所起的作用。虽然布迪厄从批判性的视角提出社会资本理论，但其对社会资本在社会再生产中作用的深刻解析，有助于我们对社会不平等有深入的认识，并在此基础上探索通过何种社会和政策干预去解决社会不平等和社会阶层日益固化的问题，从而实现社会的良性发展。

一、社会资本的界定与测量

社会资本理论，本质来说是围绕社会关系而展开的研究。科尔曼的社会资本理论强调社会关系的特征及其功能，其对社会资本的定义包含了两个要素：社会结构的某些方面；为结构中某些个体或者机构行动者的行动提供便利。一定程度上说，科尔曼试图通过其社会资本理论框架的构建，探讨在失范的现代社会中如何通过重建信任与互惠的社会关系，来实现社会规范的遵守和社区乃至社会的整体融合与发展。

普特南从一个地区或者国家的公民性的视角对社会资本进行考察。普特南把社会资本定义为社会组织的一些特征，如网络、规范和信任，这些特征能促进协调与合作，实现互利共赢。普特南把社会资本看作一个集体性概念，认为社会资本存量高的地区或者国家更容易实现高效率的协作，从而有利于整体的发展。在普特南的社会资本理论框架中，社会资本的存量通过公民的社团参与程度及参与行为来衡量。在操作层面，具体的衡量指标包括报刊阅读情况、参与志愿团体以及对政治权威的信任。

布迪厄对社会资本的定义为"实际的或潜在的资源的集合，这些资源是与对一个相互熟识和认可的、具有制度化关系的持久网络的拥有——换言之，一个群体的成员身份——联系在一起"。简单来说，个人通过建立和维护具有制度化资源的关系网络，来获取资源和支持，以维护和提升个人的社会地位。但对于来自不同社会阶层的个体，由于其社会地位和社会化经历的不同，更容易导致其互动和建立社会关系的对象的差异，从而形成其可获得的社会资源（即社会资本）的不平等，进而导致社会不平等的再生产。

布迪厄的社会资本理论被用来解释在等级森严的法国社会，中上层如何运用其社会关系网络及其中的资源，实现其阶层的再生产。随着西方国家社会不平等问题的凸显，越来越多的学者开始用布迪厄的社会资本理论框架分析资本主义社会的阶层、种族等不平等问题。

布迪厄的社会资本理论，与中国的"关系"有一定相似之处，即强调个人和家庭通过对其社会关系网络中所嵌入的资源进行转化，获得一定的经济和文化资本，进而实现其社会地位的维系或提升。更进一步，布迪厄关注社会资本与社会不平等的再生产问题，即精英阶层的成员如何通过其社会关系网络的建立、维持以及对其中嵌入资源的转化，稳固其较之弱势群体优越的社会地位。而不同阶层群体社会资本的积聚及转化，则最终导致了整个社会的阶层固化。

上述学者从不同视角和层面对社会资本做出了阐释，其观点存在一些相异之处。第一，关注的层面不同，布迪厄与科尔曼的研究强调微观和中观层面的社会交往和社会关系网络特征，即布迪厄强调个体和社会群体，科尔曼关注社区层面；而普特南则以宏观层面为切入点，研究区域和国家等层面的问题。

第二，不同学者关注的社会关系网络存在区别，布迪厄与科尔曼的社会资本研究围绕熟人交往与熟人关系网络展开，探讨存在于家庭、学校与社区等环境内的交往与关系对个人和群体的影响；而普特南的社会资本研究对象是陌生人之间的社会交往及社会关系网络的特征，探讨陌生人之间的交往和参与所体现的信任等社会规范，以及在社会经济发展和政治绩效提升中所起的作用。

第三，不同学者关注的问题焦点有所不同，布迪厄关注社会关系网络在个人社会地位获得及优势群体的社会再生产中所起的作用，科尔曼和普特南关注在既有社会结构下社区与社会的和谐发展问题。

虽然不同学者的社会资本理论存在上述不同，但其研究也有相通之处。三位学者的研究中都着眼于社会交往与社会关系网络，强调其对个人、群体以及国家发展的重要性。

二、社会资本与社会发展：社会资本的功能

正如 Woolcock 所述，对社会资本理论关注度的提升以及日益成为常规化的研究题目，与社会资本和政治学领域存在的一些首要问题，如集体行动、经济发展和民主治理的相关性密不可分。很多社会资本的研究，正是在此框架下对社会资本的功能，尤其是其对社会发展的正面作用进行探讨。

在普特南研究的启发下，很多学者开展了关于社会资本与经济发展之间关系的研究。与普特南的研究结果类似，这些研究都证明了社会资本的总量与区域和国家经济发展的关系，由此引起了政治家们以及政策制定者对社会资本概念的关注，他们倡导通过对社会资本理论的应用来解决一系列相关问题，进而实现经济的发展。此外，被定义为互惠、信任与合作等规范的社会资本，发挥着社会黏合剂（social glue）的功能，通过创造一个现代社会中的集体性的"我们"的概念以及集体财产的形式，将整个社会团结在一起。

其他大部分社会资本研究基于科尔曼和普特南的社会资本框架，对社会交往和社会关系与教育和公共参与的关系及其重要社会影响进行研究，研究至少集中于以下九个领域：（1）家庭与青少年问题；（2）暴力和犯罪；（3）学校和教育；（4）虚拟和公共社区生活；（5）公共卫生和环境问题；（6）工作和组织；（7）一般情况下集体行动的问题，如公共资源的管理；（8）经济发展；（9）民主和治理。

虽然社会资本对社会经济政治发展有如此重要的作用，但其负面功能也不容忽视。在教育领域，虽然正如科尔曼的社会资本理论中所提及，具有一定结构和特征的社会关系对青少年教育成绩的获得及社区发展起着重要作用，但哪些群体更容易建立和维持如此关系结构则存在着一定程度的不平等。由此，持批判视角的学者认为，功能学派的社会资本理论忽略了社会结构中存在的权力关系、等级结构和社会不平等，而这些要素不仅反映在社会互动和社会关系中而且从中得以持续。而布迪厄的社会资本理论，由于其被认为不服务于主导的政治利益和主流意识形态，因而受到批判学派学者的推崇。

有相关学者对社会资本的负面影响，尤其是其在现有社会不平等的再生产中所起的作用进行深入研究。在种族问题严重的西方国家，一些学者从种族不平等的角度研究社会资本与不平等的问题。

例如，有美国学者采用质化研究方法对不同种族学生家长与教师关系的特征及其对学生成绩的影响进行研究，研究发现白人父母与黑人父母相比，在与学校教职员工建立社会关系方面存在优势，而关系的建立对其子女教育表现起着至关重要的作用。究其原因，此种差异的存在主要源于不同种族的父母日常生活的场域（field）不同，而在不同的场域中人际互动以及社会关系建立的规则存在很大的不同，导致黑人家长在与白人为主导的学校教职员工交流时信任的缺失以及更易出现误解，因此影响了其与学校教师社会关系的建立，导致其子女在与白人子女的教育竞争中处于不利地位，而这种不利将会进一步强化现有的种族不平等。

第二节 传播学领域的社会资本研究

随着社会资本理论被引入政治学、教育学等领域，已有一些传播学者在其研究中引用社会资本的理论框架。传播学领域对社会资本理念的运用，由于其关注点不同，可基本分为两种思路。第一种思路深受普特南学派的影响，以社区成员通力合作以实现问题的解决作为社会资本理论的核心要义，进行相关的研究。第二种思路则是基于布迪厄和科尔曼的社会资本框架，强调社会关系网络中所嵌入的实际的或者潜在的资源，以此角度开展社会资本的研究。两种思路尽管自成研究体系，但也面临一定的争议，有学者认为虽然传播学界的社会资本研究可分为以上两个流派，但大部分的研究集中在第一种思路，即主要将社会资本作为社会融合的指标，而非将其视为社会关系的特征和功能。

面临日益增多的传播学者在研究中引入社会资本理论，有学者开始基于实证研究去检验传播学领域对社会资本理论的运用。如韩国学者李和孙对传播学研究中采纳社会资本理论的期刊文章、书的章节以及书籍进行研究，试图分析不同流派社会资本理论在传播学中的运用。通过对171份文献的分析，作者发现传播学领域的社会资本研究主要被政治传播的学者所驱动和主导。内容分析结果进一步证实，传播学社会资本研究中普特南理论的主导地位，以及对布迪厄和科尔曼的社会资本理论的忽略。

第三节　新媒体与社会资本的研究

关于新媒体与社会资本的讨论和研究，在互联网扩散的早期阶段已然出现。近年来随着社会化媒体日益成为我们生活的一部分，对人们的社会参与、社会交往、社会关系网络以及整个社会施加日益重要的影响，越来越多的传播学者开始着手新媒体与社会资本的研究，尤其是对社会化媒体与社会资本的研究逐渐增加。

关于新媒体与社会资本的研究，仍然沿袭了传播学领域的社会资本研究思路，分为新媒体参与和新媒体社交网络两种思路：前者关注新媒体如何促进个体的社会和公共参与，促进社区信任和融合以及社会发展；后者则关注新媒体如何为个体维护既有社会关系网络以及建立新的社会关系网络提供便利，从而激活个体社会关系网络中潜在的或者实际的社会资源，进而为个体发展提供必要的物质和精神支持。

随着互联网日益成为人们生活中不可或缺的组成部分，越来越多的学者开始关注互联网对人们社会交往及社会网络的影响。然而，在研究过程中面对的最大问题是，基于传统媒体所发展的测量形式是否适用于新媒体研究。有学者指出，面对新媒体的出现和发展，我们研究者需要创立能对现有方式做出补充的新的测量形式。

由于互联网与传统媒体在技术和功能层面存在的本质差异，因此基于传统媒体时代所建立的社会资本测量方式，不应完全照搬到互联网平台。以互联网和传统的电视媒体为例，二者在诸多方面存在本质上的不同。首先，互联网不仅比电视媒体应用更广泛，而且互动性也更强；其次，基于两种媒体所发生的互动也存在本质区别，比如电视观众之间很难发生交流和交往，而互联网则为用户提供了更多更便利的交流及互动机会。

因此，基于电视媒体时代的社会资本研究，强调公众把应该与朋友交往、参与社区公共活动以及参与志愿团体等时间，花费在电视的观看上，使得社会交往减少，以及交往中存在的社会信任、互惠等规范的失范，最终导致社区和整个社会资本的衰退。而对于互联网来说，虽然其普及度远高于电视媒体，但由于互联网的使用行为与电视的观看存在着上述提到的区别，公众上网的时间与社会交往的时间并非存在完全替代的关系，即网民通过即时通信、聊天室、BBS 等具有互动和沟通性的网络工具，在网络平台上与线下朋友沟通感情、与陌生人建立关系、组织和参与线上及线下社区和公众活动，而在此交往过程中同样遵循一定的社会规范。因此，在互联网时代，根据网络与传统媒体相比所存在的独特技术特征，需要建立反映互联网交互性的社会资本测量方式。

在此背景下，威廉姆斯创建了互联网时代社会资本测量的指标和量表。量表基于普特南的黏合社会资本（bonding social capital）和联结社会资本（bridging social capital）的理论，强调不同类型的社会关系的特征及作用。威廉姆斯的量表由于其考虑到了线上和线下空间的相似性和差异性，并通过实证研究对其可靠性和有效性进行了检验，已经被一些学者植入新媒体与社会资本的研究之中。

表 2-1　黏合社会资本和联结社会资本问题量表（线上和线下空间）

黏合社会资本分量表（线上和线下空间）
1. 当遇到问题时，我相信有几个人能帮我解决问题。
2. 当需要做出重大决定时，有人能给我提出建议。
3. 没有人让我觉得可以自在地讨论我的个人私密问题。
4. 当我感觉孤单时，能找到几个人倾诉。
5. 如果我急需借 500 美元，我知道能找哪几个人借。
6. 我交往的人能付出他们的声誉为我担保。
7. 我交往的人会为我提供高质量的工作推荐信。

续表

黏合社会资本分量表（线上和线下空间）
8. 我交往的人会和我分享他们的最后一美元。
9. 不存在交情深到可以为我做任何重要事情的人。
10. 我交往的人能帮我对抗不公正。
联结社会资本分量表（线上和线下空间）
1. 与人交往使我对自己居住区域外的事情感兴趣。
2. 与人交往使我愿意尝试新的事物。
3. 与人交往使我有兴趣了解与自己不同的人的想法。
4. 与人交往使我对世界其他地方产生兴趣。
5. 与人交往使我感觉自己是大的社区的一部分。
6. 与人交往使我感觉连接到更大的一个图景。
7. 与人交往提醒我世界上的任何人都是连接在一起的。
8. 我愿意花时间支持一般的社区活动。
9. 与人交往使我能与新人交流。
10. 我时刻都能接触到新人。

除了新媒体情境下社会资本的测量，还有一批学者对新媒体平台对社会资本的影响进行研究。例如，美国传播学者 Ellison 等对大学生 Facebook 的使用与其社会资本的积累和维持做了量化研究，探讨 Facebook 使用对大学生黏合社会资本、联结社会资本和维持社会资本（maintained social capital）的影响。其中维持社会资本是作者新创立的维度，用来评估个体与先前居住的社区保持联系的能力。回归分析结果发现 Facebook 的使用与联结社会资本的相关度最高，同时也发现其使用与大学生心理健康的关联。

综上，本章主要对社会资本、新媒体与社会发展做出理论层面的讨论，探讨社会资本的概念如何被引用到传播学领域和新媒体领域，以及在新媒体情境下社会资本的测量问题。以下的几章将从不同维度对在中国情境下以及新媒体平台上，社会资本在涉及社会发展的不同方面所起的作用进行探讨。

然而，在开始结合中国情境的研究与讨论之前，结合上述理论与研究的梳理，有以下几点需要厘清。第一，无论早期关于互联网的研究还是最近围绕社会化媒体的研究，大多基于美国政治学家普特南和社会学家科尔曼的社会资本理论框架，即主要关注公共参与、社会关系网络、社会互动中的规范（如信任、互惠等）及其对社区和国家发展的影响。虽然有一部分研究采纳了布迪厄的社会资本框架，但此种思路的研究在整体新媒体与社会资本的研究中所占比例很少，社会影响也比较小。

第二，以普特南和科尔曼等为代表的西方学者的理论框架，虽然得到广泛应用，但其社会资本理论创立所基于的西方社会现实与现阶段的中国社会，虽有共通之处，但也存在明显差异。而普特南本人也曾声明其研究关注点是美国的社会资本，研究所基于的案例也源于美国，而且并不希望被解读为他的研究所揭示的趋势适用于所有经济合作与发展组织（OECD）国家。

第三，当今的媒介环境与社会资本理论产生时的媒介环境显著不同，社会化媒体对个人和社会产生了前所未有的影响。因此，本书主旨在于基于社会资本等理论，结合我国的社会现实以及社会化媒体的特征，探讨基于中国情境的新媒体与社会发展相关的问题。

第四节　新媒体、社会资本与个体和社会发展

新媒体尤其是社会化媒体的发展，为包括青年人在内的个体提供了更

多更便利与人交往的机会,有利于其通过社会资本的积聚来获取包括物质和精神支持在内的不同形式的社会支持,以实现自身发展,并最终促进社会整体的发展。

一、通过社交媒体使用,获取熟人社交网络支持

布迪厄与科尔曼的社会资本理论,强调通过与家人和朋友等熟人关系网络的维持和强化,获取个人发展所需要的支持和帮助。研究中国关系的学者同样提出,中国的熟人关系网络,不仅能为个人提供重要的实物形式支持,同时也能提供精神支持。处于转型期社会中的个体,由于脱嵌于传统的家庭和社区,更容易处于孤立无助的局面,而新媒体尤其是社交媒体的飞速发展,则为个体维持和强化熟人社交网络,积聚社会资本,实现自身发展提供了前所未有的机遇。

社交媒体平台,由于其突出的互动性,为个体社会交往与熟人社会关系的维持提供了便利。自新媒体出现之始,青年群体一直是主力使用群体。近年来流行的社交媒体,如微信、微博、视频社交平台,以及之前流行的开心网和人人网等社交网站,均为个体提供了与包括家人和朋友在内的熟人保持联系,熟知对方生活、工作等状态的机会。而与熟人的交往和关系网络的维持,则为脱嵌于传统家庭和单位,提供了更多的社会支持的来源,从而有利于个体积极、健康发展。

二、新媒体公共参与,拓展社会网络与社会支持

普特南的社会资本理论,如前文所述,更强调与陌生人的交往对社会和个人发展的影响。基于中国社会的"关系"理论,也涉及如何与陌生人

交往和建立联系，拓展自身社交网络，进而积累自身发展所需要的资源及在必要时获取支持。虽然与陌生人的交往及关系的建立更多出于功能性而非情感性诉求，对于解决个人情感层面的问题帮助收效甚微，但其主要作用在于为个人发展提供功能性的支持，而此种支持对于个体社会的资源获取和社会地位的取得，有至关重要的作用。

无论是早期还是最近的新媒体平台，都为个体社会资本的增加以及个体的发展提供了便利。早期的 BBS、博客、QQ 等平台，以及当前流行的其他互动性新媒体平台，提供了面对陌生人进行个人自我表达、自我呈现和与人交往的机会。个体通过这些平台，进行信息和思想的交流，拓展个人知识面。同时通过与陌生人的交流和最终与志同道合之人建立关系，拓展了个人关系网络亦即潜在可能激活的社会资源的总量，同时也增加了社会资本的总量，一定程度上有利于缓解自我经营的个体在社会中孤立无援的局面，促进个体的发展。

三、重建信任等社会规范

社会资本理论中至关重要的一个指标即是信任，如上文所提，无论与陌生人还是熟人的交往，如果离开了信任，社会关系网络的维持以及对其中嵌入资源的获取，将会很难进行。处在转型期的中国，无论是人与人之间还是公众对于机构的信任，都出现了前所未有的危机，不仅不利于个人社会资本的积累，宏观层面上也不利于国家的经济发展和政治绩效的提升。

新媒体的出现及其广泛普及，为社会信任的重建以及整体社会资本的提升，提供了新的机遇。通过社交媒体，个体可以与千里之遥的家人和朋友保持联系，沟通感情，而信任在往复和频繁的沟通中将会得到强化。而对于与陌生人新建立的关系，也可以通过社交媒体，互相关注动态，通过评论和转发等形式进行沟通交流，增强彼此信任。同样，新媒体平台也提供了新的面向个体进行舆论引导的机会，通过适宜的、正面的引导方式，改善社会整体的信任氛围，提升社会整体信任，进而提升整体社会资本。

综上，通过新媒体尤其是社交媒体的使用，维持与包括家人与朋友等熟人群体的社会交往，从中获取物质和精神支持；通过新媒体平台参与兴趣小组或者社会公共事务，通过与陌生人的互动和交往，拓展社会关系网络，不仅可以获取更多元的信息，还可以获得其他形式的支持。在此基础上，与熟人和陌生人的关系的维系，以及新媒体平台的舆论引导，将有利于改善社会信任，进而提升社会整体社会资本。

第三章
新媒体与个体赋权——青少年网络参与的研究视角

2014年教师节过后,一段教师在课堂上向学生索要教师节礼物的音频在网上引起轩然大波,受到全社会的广泛关注。录音中当事人是黑龙江省哈尔滨市依兰县高级中学教师冯群超,因为本班同学在教师节时未送其礼物,其在课堂上对学生进行斥责。虽然事发后冯群超向学生和家长进行了道歉,但仍受到撤销老师资格处分,并被清除出教师队伍。同时校长、党总支书记宿金来也受到党内严重警告、行政记大过处分,并被免去校长和党总支书记职务。

教育部针对此事件表示,"冯群超在课堂上谩骂学生并索要礼物的行为,严重违背作为一名教师应有的基本职业道德和操守,严重损害了教师队伍整体形象和职业声誉,对学生健康发展造成了难以估量的损害,产生了恶劣的社会影响。各级教育部门和各级各类学校要按中央要求和教育部部署,进一步加大工作力度,严肃查处教师收受礼品礼金等突出问题,以实际成效取信于民"。[①]

---

① 教育部针对此事件通报内容详见 http://news.xinhuanet.com/politics/2014-09/24/c_1112614633.htm。

此事件的发展经历了如下环节：教师索礼物谩骂学生、学生录音、上传到网络、网络扩散并引起关注、相关部门对当事人的处理、对强化相关教育政策（如严查教师收礼）的影响。这些环节的背后则反映出当今青少年研究的几个热点问题：青少年参与，互联网在青少年参与中的作用，青少年通过网络参与而被赋权。

基于此，本章以青少年的参与作为切入点，对于国际与国内青少年参与，尤其是网络参与相关的研究重点与转向进行系统性梳理，以期为我国青少年网络参与研究提供一些启发与借鉴。本章主要安排如下，首先，简要梳理国际上关于青少年政治参与研究的主要争论及转向，以奠定后续关于网络参与研究的分析基础；其次，结合国内外相关研究，阐述国内外青少年网络参与的研究进展；最后，对我国青少年网络参与的研究提出建议和展望，建议从赋权视角加强对未成年人在新媒体平台上的参与研究。

第一节　国际青少年参与研究的争论与转向

近年来，国际上围绕青少年参与的研究主要存在两种不同论调。有学者认为，青少年政治和社会参与程度日益降低，具体表现在青少年并未充分参与到政治活动当中，而且未能充分了解其作为公民的角色。而另一派学者认为，需要根据当今社会、政治的变化，结合青少年自身发展特征，来与时俱进地重新审视衡量青少年参与的指标，以实现正确合理认识青少年参与。

一、青少年参与度降低学派

持青少年参与程度降低论调的学者，其证据主要基于传统的测量政治与社会参与程度的几个指标。这些指标主要包括对政治知识的熟悉程度、参与选举等政治活动、参加社会团体和协会等。由于近年来西方主流社会发现，青少年日益表现出对政治知识知之甚少、投票率的降低和加入社会团体数量的减少等行为，于是由此判定青少年日益远离政治和社会民主生活，对于政治和社会参与表现出冷漠的态度。

鉴于青少年参与在西方政治与社会发展中的重要性，为了扭转此局面，各国政府纷纷采取针对性措施，以期提升青少年政治和社会参与度。比如，澳大利亚国家教育的目标之一即包括：当学生离开学校时，需要具备能理解和领会澳大利亚政府体系和公民生活，以成为积极和知情的公民。为此，澳大利亚还于2007年进行了一项全国调查（National Assessment Program），以评估青少年的参与程度。调查样本为来自349所学校的7059名6年级学生和269所学校的5506名10年级学生。调查结果显示，学生对公民和公民知识的熟知度和对政府体系的理解，对比三年前的数据，只有非常细微的改善。政府对此结果非常失望，又于2008年在国家教育目标中进一步扩展了公民和公民知识教育目标，希望能改善青少年的政治和社会参与状况。

二、青少年参与方式转换派

与上述持青少年参与度降低观点的学者不同，有些学者认为青少年参与度并未降低，问题的根据源于传统衡量参与的指标对于当今社会的适用性。此派学者认为，对青少年参与的研究，不应采取孤立的、静止的态度，而是应该紧跟当今社会和政治的大环境，认清随着宏观层面环境的变化，青少年参与方式随之出现的转变。传统的集体的、等级的社会政治运动的参与形式正逐步消解，取而代之的是新的、更具个人主义形式的参与，"生活在混乱复杂的当今社会，年轻的公民们更愿意通过自定义他们的路径来获得满足，他们所定义的路径包括：参与地方志愿活动、消费者行动主义（consumer activism）、支持环保和人权等事业、参与各种跨国抗议活动、通过组织国际和区域论坛为实现全球公民社会做出努力"。

也就是说，青少年减少了传统定义的政治和社会参与，并不代表其参与度降低，而是因为他们参与方式发生了转变。因此，此派学者呼吁对青少年参与的研究思路进行转换，包括对衡量青少年参与指标的重新界定；政府针对青少年参与采取的应对措施也需要相应地进行转换，以适应宏观环境的发展变化和青少年自身发展的需求。

上述提到的宏观环境的转变，既包括经济、政治和社会各层面的变化，也包括互联网等新媒体技术的发展。互联网自产生以来，在全世界和中国都得到广泛扩散。全球范围内，据"互联网实时统计"（Internet Live Stats）表示，全球互联网网站数量已超过 10.6 亿个，并且这个数字目前还在不断增加；到 2017 年 6 月，全球互联网用户数量 38.9 亿，这意味着全世界人口的 51.7% 接入了互联网[①]。在中国，截至 2013 年 12 月，我国网民规模达 6.18 亿，互联网普及率为 45.8%。无论在国际还是国内，青少年群体都是互联网的积极使用者，互联网已成为青少年日常生活的一部分，网络日益成为青少年参与的工具和平台，网络空间成为青少年参与的重要空间。因此，对青少年网络参与的研究成为重中之重。

---

① 数据来源，https://www.internetworldstats.com/。

第二节　国内外青少年网络参与研究

互联网等新媒体技术的发展，为青少年参与提供了新的平台。与此同时，国内外学者基于青少年在网络空间内的参与行为开展了研究，下文将系统梳理国际和国内学者在此领域的研究。

一、国外青少年网络参与研究

第一，关于网络特征的理论和实证研究。关于此方面的研究主要围绕互联网的交互性、接入性和可用性等特征展开，探讨这些特征如何影响青少年参与。大部分学者持乐观态度，认为互联网的这些特征能促进公共参与。相关研究集中探讨互联网在扩大社会接触、动员政治观点、社会化和教育、促进自我表达和强化公民与政治代表之间网络沟通等方面的可能性。考虑到青少年比成年人更多地使用互联网，这些可能性更可能由年轻人来实现。

此外，随着社会化媒体在青少年群体中的影响力日益提高，更多学者开始关注社交媒体的技术特征及其对青少年参与的影响。大部分理论框架围绕社会化媒体的三个核心机制如何影响青少年参与展开：（1）提供信息；（2）引入社交压力；（3）促使同龄人间进行讨论。

首先，社会化媒体鼓励个人自我表达和经验分享，提供了表达和信息分享的平台。青少年在社会化媒体上发布和分享包括政治和公共活动在内的内容，这些内容则会对其社交网络产生一定影响，如某些主题的政治和公共信息可能引起社交网络一些好友对这些话题的兴趣，进而促进了其社交网络中某些朋友的公共和政治参与。

其次，社会化媒体的交互性特征更易在青少年社交网络中形成社交压力，从而促进青少年参与。邦德和同事进行的一项实验性研究证实，青少年在脸书上接触到动员性信息（如关于鼓励大家大选投票的宣传），同时他们社交网络中的一些人也参与了这些活动，由此对其产生了社交压力，而这种压力则会对他们的参与产生直接影响。另外其他一些相关主题的研究也都发现了社会化媒体产生的社交压力对青少年参与的促进作用。

最后，社会化媒体在内容生产和交流方面的特征便利了青少年的网上讨论，有利于推动青少年的参与实践。社会化媒体区别于其他形式媒体平台的重要特征之一，即是其在鼓励用户进行内容生产方面的优势，而青少年在社交媒体创造的内容，为后续以这些内容为主题的讨论奠定了基础。而社交网络对某些话题的讨论则又可能引入社交压力，促使即使对某些政治和公共话题不感兴趣的青少年也加入讨论，实现政治和公共参与。实证研究也证实了社交媒体通过为青少年提供讨论政治和公共话题的平台，在提高青少年政治和公共参与方面发挥了重要作用。

第二，基于网络内容的研究。致力于此领域研究的学者主要关注点在于互联网如何被青少年用于公共参与。有些学者关于网站内容的研究并未特别关注青少年群体，而是更关注网站内容的公共性；另有部分学者专注于青少年使用的网站的公共性特征。具体来说，他们的研究证实了网络论坛中的自我表达与讨论如何形成了网上公共领域。而更进一步，在这些公共领域中进行的政治讨论、知识传播、个人身份认同构建、政治协商等，展示了互联网在促进"协商民主"（deliberative democracy）方面的优势。以上这些研究关注的网络平台比较广泛，既有政府和媒体提供的比较严肃的网络平台，也有很多娱乐节目的粉丝论坛。

第三，关于网络内容生产机制的研究。研究主要探讨青少年网站创建者在创立网站过程中的种种考虑以及如何影响网络产品的最终形态。虽然关注此主题的学者数量相对较少，但也得出了一些有意义的研究结论。比如，"编码"（encoded）和"解码"（decoded）含义的区别如何影响网站的效果，网站内容对网站创立者经济和个人资源的依赖性，网站的目标与网站背后机构的更广泛的制度性目标之间错综复杂的关系。

第四，对于青少年如何使用和理解新媒体的研究。此主题关注青少年日常生活中互联网的使用所体现的公共参与行为。大部分研究结论为，在某种情况下互联网为青少年提供了公共参与的资源，但总体来说青少年并未充分地使用这些资源。另外，还有研究以某些特殊青少年群体为研究对象，如那些在公共事务中已经很活跃的年轻人。这些研究总体上试图阐明互联网如何成为这些群体青少年有价值的公共参与工具。

第五，关于青少年网络使用与其参与行为之间关系的研究。此类研究主要采用定量的研究方法，探索互联网究竟在多大程度上对青少年的参与产生影响。具体来说，有些研究证实了互联网在促进政治和公共参与方面的作用，如在网上接触的竞选信息，对政治效能、政治知识和政治参与都有积极的影响。帕塞克和同事的研究也发现，"那些一周中大部分时间都在网上获取信息的人更倾向于表现出经常参与公共活动的行为"。然而，还有一些研究并未发现互联网的使用和公共参与之间的相关性。更有一部分研究者认为，互联网在改善青少年参与方面的潜力不容乐观。比如，基于时间替代理论（time-replacement），有学者认为青少年在互联网使用上投入时间过长，从而减少了其线下直接参与和其他间接促进参与的活动的时间。

此外，有学者虽然不否定互联网技术上具有促进公共参与的潜力，但认为其作用尚未实现。比如，相关研究证实，青少年，尤其是教育程度比较低的青少年，更倾向于把互联网作为娱乐工具，更多地进行网上娱乐，而不是进行参与公共事务讨论这类更具公共参与特色的网络活动。有进一步的研究关注青少年网络参与方面的差异，研究发现那些在网络平台上积极参与的青少年往往在线下也是社会和公共事务的积极参与者，而且此群体大多来自社会经济地位比较高的家庭；而那些热衷于娱乐化使用互联网的青少年，则更多来自社会经济地位比较低的家庭，因此产生了网络参与的"数字鸿沟"。

二、我国青少年网络参与研究

第一，网络参与的内涵研究。学界对网络参与的定义主要集中在网络政治参与层面。郭祺佳关注青年网络政治参与内涵的界定，认为"青年网络政治参与是指青年以网络为媒介参与政治生活，并且直接或间接地影响和推动国家政策的制定、运行的一种行为，是对一般意义上的青年政治参与的延伸"。陆士桢等对此的定义为，青年网络政治参与是指"青年借助互联网"这一媒介，通过网上评论、讨论，表达政治主张和政治意愿，以期影响政治决策和社会政治活动的参与行为"。并在此基础上讨论了青年网络政治参与的三要素：（1）参与主体为青年；（2）参与载体（平台）为网络；（3）参与内容或目标指向为与政治相关的活动或行为。

第二，网络参与的本质和特征研究。吴庆在对 1994－2010 年中国青年网络公共参与的重大事件进行梳理的基础上，探讨了中国青年参与的本质。作者认为网络公共参与本质上是政治现象，因此用政治学的利益分析方法，对此现象进行了较为深入的分析和理解。研究发现，青年网络参与的本质是利益表达的发展，从网络中满足过去传统方式无法满足的青年利益要求（如精神享受、平等、权力、低成本等），青年在网络上更容易结群和形成网络利益共同体，现实生活中青年利益表达方式的缺乏，网络参与非理性的因素更多是青年利益观念的不成熟等各方面原因，对青年网络参与的现象给予了利益分析的解释。最后指出当前抓住网络发展的大好时机，构筑制度内渠道的参与平台特别是网络上制度内参与的渠道是引导青年公共参与良性发展的关键。

第三，网络参与的形式。郭祺佳根据参与途径的不同，把青年网络参与区分为体制内参与和体制外参与。体制内参与指的是由政府发起和组织的，以网络为平台进行的政治活动，例如投票选举、民主协商及对话沟通等；而体制外参与定义为青年自发地利用网络平台广泛、迅速地传播信息，表达政治诉求和意愿，从而形成一定的舆论压力和导向，从而促使社会管理系统做出调整。

陆士桢等以谢尔·阿斯汀（Sherr Amstein）的"公民参与阶梯理论"为理论基础，解释青年网络政治参与的形式与程度。阿斯汀依据公民参与自主程度的不同，将公民参与由低到高分为三个阶段：假性参与、象征性参与和实质性参与。而每个参与阶段又具有相应的参与形式和参与特征（见表 3-1）[1]。

表 3-1　公民参与阶梯理论

参与阶段	参与形式	参与特征
假性参与 （政府主导性参与）	教育性参与、操纵性参与	政府是公民参与的发起者，并在参与过程中占主导地位，起绝对支配作用；公民处于被动参与地位。
象征性参与	咨询性参与、限制性参与、告知性参与	公民权利意识开始觉醒，他们逐渐认识到自己的公民资格，争取广泛的参与权，并且公民的参与能力和组织化程度逐步提升，对政策具有一定的影响力。
实质性参与 （完全性参与）	合作性参与、代表性参与、决策性参与	公民的参与程度最高，其公民资格意识成熟，参与知识和能力也大幅度提高，从而与政府形成合作伙伴关系。

在此基础上，陆士桢等指出青年网络政治参与的假性参与包括"我们

---

[1]　此表是基于（陆士桢等，2012）对阿斯汀"公民参与阶梯理论"的介绍。

的一些政府网站、新闻网站，其信息传播及交流的主动权控制在政府及所属的机构中，公民在电宅过程中的参与程度较低"；象征性参与包括"青年通过网络论坛和网络互动对政务进行评论和意见反馈，从而影响政策议题"，此种参与形式越来越普遍；而青年在网络上的实质性参与也有进展，"近年来在青年中流行的博客以及微博让我们看到了青年群体作为公民的主体意识，他们突破了评论和讨论的层面，除对时事政治发表自己的看法外，还发动更多的公民参与其中，提出有效的改善策略甚至影响政府的行为，如'微博打拐''郭美美'事件等，让我们看到了青年网络政治参与的影响力及优势"。

第四，网络参与的影响因素研究。陆士桢和王蕾针对近年来青年网络政治参与人数激增、影响扩大的现状，通过实证研究探讨青年网络政治参与背后的影响因素，以期更真实地反映我国当代青年网络政治参与的现状，引导青年正确、理性参与网络政治。研究将青年网络政治参与中的"青年"界定为18～40岁，将网络政治参与界定为"借助互联网这一媒介（如政治网站、电子邮箱、即时通信工具、博客、微博、论坛、贴吧等），获取政治信息，发表网上评论、讨论，表达政治主张和政治意愿，或通过网上选举、网上民意调查等政治行动以期影响政治决策和政治活动等公共政治生活的参与行为，其中政治内涵包括国家主权利益（领土、外交关系等）、执政行为与政府行为（会议、政策、人事调动等）、国际局势与国际关系、民生问题等"。

研究中将青年网络政治参与行为方式概括为三个方面：通过网络浏览政治信息、利用网络交流政治观点和通过网络采取网上政治行动。研究的理论框架是基于计划行为理论，采用了计划行为理论中关于行为控制认知的理论，选择了部分变量，从群体对青年主观规范的影响来分析青年网络政治参与行为。研究结果显示，青年网络政治参与的正面态度居多，而且越是具有正面态度的青年越倾向于此行为；工作单位性质是影响青年网络政治参与的最显著因素，通过网络浏览政治信息层面，企业中的青年参与比例相比其他青年群体较低，而在通过网络平台交流政治观点和采取网上政治行动方面，事业单位青年的比例是其他单位青年群体的 4～5 倍；在对青年网络政治参与的影响因素上，性别和婚姻状况是重要因素，具体表现为男性比女性更乐于参与网络政治，已婚青年比未婚青年更多参与网络政治。

在另一个研究中，陆士桢等从网络政治参与的主体——青年网民入手，从主客观两个方面分析影响青年网络政治参与的主要因素。客观影响因素主要包括"意见领袖"的诱导。"意见领袖"对青年网络参与的影响主要源于以下几个特征：（1）在人际传播中比较积极活跃；（2）主观能动性较强；（3）频繁接触媒体，并能迅速获取更多的信息；（4）善于思考并进行思想再加工；（5）善于人际交流。主观方面影响青年网络参与的因素主要是"从众行为"，如作者所分析，"在网络参政的过程中，即便是很多网民同时对一个政治事件或社会事件做出评价，但由于网络社会的匿名性、独立性、平等性等特征，网民在参与的过程中基本上不存在群体压力的影响，只是根据意愿和兴趣以及该事件的影响度等来选择是否参与其中，具体会赞同哪一方，可能会根据事件的性质，跟风似的倾向于自己比较欣赏的那一方。近年来，青年群体在网络上参政的人数和频次不断增加，一方面是由于青年网民政治参与意识的提高，另一方面就是跟风、随大流，出于玩玩的心态，是典型的从众行为"。

第五，网络舆论领袖研究。王小青等以拉扎斯菲尔德等学者的"意见领袖"理论为指导，以大学生群体为研究对象，总结大学生网络意见领袖的特征如下：（1）由于其单一型或综合型的特长在现实生活中可能有较强的影响力或威信，在网络上有较高的网络人气关注度；（2）热衷于公共事件并愿意频繁地在网络上分享自己的观点、意见，希望影响他人；(3) 善于在网上表达意见的人；(4) 信息源或者离信息源比较近的大学生群体掌握信息能力，透露信息能力较强；(5) 昙花一现式意见领袖，随着某个公共事件的出现而成为临时话语权力中心，待此事件结束，新的意见领袖又将出现。

杨学丽从论坛中的意见领袖在网络舆论的形成和引导中所起作用的视角来研究意见领袖。研究运用问卷调查法、访谈法和文献分析法相结合的方式，对比我国大学生网络意见领袖与非意见领袖在网络媒介素养各个方面的特征。在意见领袖的测量方法上，选择自我报告法，用影响力和信息寻求力两个维度作为区分指标，将大学生网民分为网络意见领袖与非意见领袖两类群体。再从参与的网络社区类型、网络社区的参与度、网络社区的评价、网络社区的信息处理能力、网络知识掌握程度、媒介接触习惯、网络社区参与功效意识及公共事务参与意向八个方面对比样本中大学生网络意见领袖和非意见领袖的特征差异。

研究发现：(1) 大学生在 SNS 社区中更容易成为网络意见领袖，而在天涯、猫扑等综合性社区中则多数充当非意见领袖的角色；(2) 与非意见领袖相比，意见领袖的网络社区参与度更高，对网络社区的知识教导功能评价更好；(3) 意见领袖会比非意见领袖更加积极地核实网络社区中信息的真实性；(4) 尽管网络意见领袖群体比非意见领袖群体对网络媒介的接触程度更高，但是两者在网络知识的掌握程度上并没有显著性差异；(5) 值得注意的是，网络意见领袖类的大学生比非意见领袖类的大学生更加关注时政、民生等事务，且参与意向更高。

常春梅和王化军采用实证研究的方法，探讨网络中意见领袖形成机制[①]。

---

① 虽未特别指出是青少年研究，但腾讯论坛的使用者基本是青少年，因此能在一定程度上反映青少年网络参与特征。

研究以腾讯新闻论坛2012年话题热帖月排行榜前十名中的5个热门话题的讨论为研究对象，并围绕中心性、活跃性、吸聚性、传染性四个指标建立意见领袖的判断标准。研究得出的结论是，在政治参与过程中，网络意见领袖的形成是多方面因素综合作用的结果：（1）网络技术支持是网络意见领袖形成的物质基础；（2）利益诉求是网络意见领袖形成的社会基础；（3）网民与他人交流看法的需求是网络意见领袖形成的驱动力；（4）网民的个人特质是网络意见领袖形成的决定性条件。

王智宇的研究致力于构建大学生网络意见领袖引导方法。通过对大学生网络意见领袖的产生原因及特性进行深入分析，总结出由信赖因素、实用因素和情感因素所产生的三种大学生网络意见领袖。针对不同因素产生的大学生网络意见领袖进行特征分析，根据其人格特征、组织结构特征和信息传播特征深入剖析大学生网络意见领袖的本质。另外，研究选取人人网中的"凌久一"群作为样本，采用社会网络分析思想，利用ucinet软件，对样本分年级、分话题，从不同角度进行分析，同时将分析结果与现实中的情况进行比较。最后利用分析结果，整理出大学生网络意见领袖影响因素，同时针对研究成果提出引导方法使用策略，切实将研究成果落脚于大学生网络思想政治教育实践中来。

综上，国外对青少年网络参与的研究，已经开始追随上一部分提到的青少年参与研究的转向，从以往对政治参与的侧重，转向同时关注从青少年的视角研究青少年网络公共参与这个主题；此外，国外研究不仅关注青年群体，也关注未成年群体。我国青少年网络参与研究则和国外传统研究更相似，仍更多关注于青少年，尤其是青年群体的网络政治参与。

第三节　青少年网络参与研究建议与展望

一、参与主体研究——关注未成年人

目前国内对青少年网络参与的研究,研究对象以大学生等青年群体为主。这在一定程度上源于学界对网络参与的定义,主要集中在网络政治参与这一层面,忽略了公共参与等其他方面的参与活动;而网络政治参与,包括网上对政治事件和政策的讨论和评议,则主要是大学生等青年群体的行为,因此对网络参与主体的研究更倾向于针对青年群体。但未成年群体已经发展成互联网使用的中坚力量,据CNNIC最新数据显示,截至2014年6月,我国19岁以下网民占到26.7%,仅次于20～29岁网民所占百分比(30.7%),因此对未成年群体的研究也是不可或缺的。

而未成年群体,虽然由于其发展阶段的限制,对政治等事件可能不如青年群体更感兴趣,网络政治参与度更低,但并不代表他们没有参与的需求和行为。本章开头所提"黑龙江索礼骂学生的教师"事件,表明未成年群体,身处以学校为主的公共环境,通过与老师就自己切身利益相关的问题进行互动,表明自己的态度,本质上即是在进行着公共参与。通过把老师骂人内容录下来,并上传到社会化媒体,得以在全社会扩散,并最终推动教育部门发布相关声明,保障未成年人权益。因此,我们今后的研究中也需以未成年群体为研究主体,深入研究其网络参与,探索未成年人如何通过网络参与,以及以哪些方式进行参与以保障其权益,并最终实现网络赋权。

二、参与平台研究——侧重社会化媒体

随着社会化媒体的发展，社会化媒体目前已成为青少年网络参与的重要平台。中国互联网络信息中心（CNNIC）发布《2014年中国社交类应用用户行为研究报告》，报告数据显示了社会化媒体的高覆盖率。截至2014年6月，即时通信在整体网民中的覆盖率为89.3%，其次是社交网站，覆盖率为61.7%，再次是微博，覆盖率为43.6%。

社会化媒体作为新的媒体平台，相比 Web 1.0 时代，具有新的媒体特征。社会化媒体具有以下六大特征：参与、公开、交流、社区化、连通性、多平台。而新的媒体特征为青少年网络参与提供了新的可能，提高了青少年的参与积极性和主动性，因此在进行青少年网络参与研究时，需重视媒体本身的特征及其在青少年赋权过程中的作用。同时也需注意，由于不同年龄青少年，如未成年和青年，虽然都是社交媒体的重度使用者，但可能不同群体选择的平台和参与形式存在一定差异。

三、参与形式研究——关注公共参与

公共参与这一概念的形成在很大程度上是基于哈贝马斯的"公共领域"和普特南的"社会资本"理论。在操作层面，公共领域理论强调的是公众之间以对社会和政治事务商讨的形式而进行的参与。社会资本理论主要指的是参与到个人和组织的协作网络之中，比如做公益志愿者和加入各种形式的协会，而这类活动能有效地和其他公民活动（比如选举）协调起来，从而最终推动社会的发展。

国内关于这个层面研究虽然不多，但也有一些相关研究。如宋爽以青少年网络公益参与行为作为切入点，探析微公益（以公益精神为核心，从

微小的社会需求入手，溢于言表积少成多的公益事件）的特征，青少年参与微公益的形式、参与动因，及网络微公益对青少年自身发展的积极影响。研究发现，微公益和传统公益活动相比，具有传播速度快、参与门槛低、交互性强等特点，为青少年网络参与提供了便利。青少年参与微公益的平台主要包括公益网站和微博等。青少年成为微公益重要参与力量的原因在于：（1）微公益依托网络为主要传播渠道，相较于传统公益方式，新媒体更能迎合青少年的消费理念、生活方式、接受信息的习惯和渠道，符合他们多元化、个性化的需求；（2）微公益传播范围广、低成本、低门槛的性质与青少年的生存特点相吻合；（3）微公益传播效率高，互动性强，增强了青少年的参与感，满足了青少年实现个体价值的精神需要。而参与微公益则对青少年自身发展形成了积极影响，比如有利于青少年身心健康和树立正确的价值观。作者同时提出，在充分肯定微公益对青少年发展的积极作用的同时，也应注意到微公益传播所存在的问题，多方面进行积极引导，如加强微公益监管的把关意识，重视青少年微公益理念教育，丰富青少年微公益活动形式。

四、参与过程研究——如何实现赋权

为了解释青少年如何通过网络参与实现赋权，则需要对参与过程进行研究。陆士桢等提出对青年网络参与的过程分析。

青年通过博客、微博、网络论坛等方式来行使公民权利，发表对政治的看法，监督政策的执行。政府根据网络环境做出反应，收集相关信息并及时做出反馈或政策的修订。由于网络空间的虚拟性，网络人群的平等性和网络参政的便捷性，公民很容易对政治系统的决策再次做出反馈，这种反馈又使政治系统理解其做出的决策是否合适，然后做出继续加强或重新

决定的反应。简单来说，网络政治参与是一个信息输入、政府决策、信息反馈、政府调整决策，再进行信息反馈的循环过程。

　　以上对青年网络政治参与的分析，同样适用于对未成年人网络公共事件参与的研究。以黑龙江教师索礼事件为例，老师辱骂学生索礼的行为，被学生录制，上传到网络，实现了信息的收集和输入，然后此信息被转发到以社交媒体为主的网络平台，引起更多人关注、转发和评论，输入了更多不同渠道和来源的信息，继而引起了教育部等相关部门的关注并做出相关决策，通过人民网等媒体平台发布到网络上。加强对此过程的研究，了解青少年网络公共参与的机制，不仅能为提高青少年的公共参与程度提供理论指导，还能为引导青少年进行健康有序的公共参与提供支持。

第四章
新媒体对个体发展的负面影响
——以网络欺凌为例

随着网络深入青少年生活的方方面面，青少年成长和发展的模式正在发生着改变。其中社会化媒体的发展及在青少年群体中的广泛普及，一方面为青少年提供了自我表达、社会互动与交往以及获得社会帮助的平台，以实现更广泛的网络参与和社会交往，促进青少年的发展；另一方面也引发了包括网络欺凌在内的一系列对青少年发展形成负面影响的行为。

以英国为例，根据 2016 年新闻报道，过去 5 年，英国青少年关于网络欺凌的咨询量增加了 88%，而实际情况是遭受网络欺凌的青少年数量远高于报道中的数量，日益严重的网络欺凌使众多青少年承受着巨大的心理伤害，甚至有 7 岁大的儿童诉诸儿童热线，坦露自己因遭到折磨和恐吓而不敢去上学[1]。

本章探讨在社会建构理论框架下的青少年网络欺凌研究，去认识青少年对媒介在欺凌中所起角色的建构以及对网络欺凌本身的建构，并在分析与研究英国应对网络欺凌的政策与经验的基础上提出应对建议。

---

[1] 英国网络欺凌严重：7 岁儿童遭恐吓不敢上学 [EB/OL]. [2016-11-24][2017-03-15]. http://edu.sina.com.cn/a/2016-11-24/doc-ifxyawmn9960261.shtml。

第四章
新媒体对个体发展的负面影响——以网络欺凌为例

第一节　网络欺凌的内涵特征

一、何为网络欺凌

网络欺凌问题的解决，首先需要对何为欺凌做出界定。对于网络欺凌，不同学者从不同视角出发，有不同的理解。有的学者将其定义为一个团体或个人，通过电子形式的接触，对无法轻易捍卫自己的个体，在一段时期内实施蓄意侵犯的行为。

另有学者认为，网络欺凌与传统欺凌的本质区别在于欺凌行为发生的渠道，即网络欺凌中的行为主要是通过新媒体而实施，这些平台主要包括手机短信、邮箱、网络聊天室、博客、即时通信、社交媒体等以互动和交往为主的网络平台。

除了学术界，致力于消除网络欺凌的社会机构，基于其实践经验，也对网络进行了定义。如英国致力于网络欺凌问题的公益机构 Bullying UK，基于英国青少年网络欺凌的现状，将网络欺凌界定为使用智能手机或者平板设备在上网过程中发生的欺凌行为，并对欺凌行为进行详细分类[①]，主要包括：网络骚扰（Harassment）、网络诋毁（Denigration）、网络骂战（Flaming）、网络模仿（Impersonation）、网络暴露和欺骗（Outing and Trickery）、网络追踪（Cyber Stalking）、网络排斥（Exclusion）。

无论是学术界不同学派，还是英国致力于解决社会欺凌问题的专业机构，虽然对网络欺凌的界定视角有一定区别，但其核心都强调形式多样的新媒体平台和欺凌的行为，为实施有针对性的干预措施奠定了基础。

---

① What is cyber bullying? Bullying UK[EB/OL]. [2016-6-19][2017-02-10]. http://www.bullying.co.uk/cyberbullying/what-is-cyberbullying/. Bullying UK. National Bullying Survey[R]. London: Bullying UK，2006.

二、网络欺凌的特征

较之传统的欺凌，网络欺凌借助新媒体技术而发生，新技术的特征导致欺凌出现了如下新特征。

首先，新媒体互动和交往有较高的匿名度，降低了欺凌者实施欺凌的风险。在线下生活中，以在校园中发生的欺凌为例，同学之间面对面交往的匿名度低，即欺凌者和被欺凌者互相认识，欺凌者自身及其所作所为暴露于众人目光之下，对其行为形成了某种震慑，一定程度上也约束了欺凌行为。相反，在网络空间中，类似聊天室、论坛、即时通信（如QQ）提供了与陌生人互动和交流的平台，而类似微信之类主要用于和熟人交流的新媒体平台，也提供了通过"摇一摇"等功能添加陌生人为网友的机会。与陌生人的互动以及建立朋友关系，与线下生活中已经认识的朋友相比，具有较高的匿名度，即对对方的真实年龄、性别、职业、教育以及其他社会背景性因素了解程度有限，因此如果对方实施欺凌，那么其真实身份被发现的概率较低，相应的惩罚也就无从谈起，因而欺凌者实施欺凌的风险降低，其欺凌行为需要顾虑的也较少。

其次，网络欺凌突破了传统欺凌所面临的时间和空间的限制。传统的青少年校园欺凌，多发生在学校或者校外其他场所，基本能止步于家门，即青少年的家或者其他与欺凌者不发生接触的空间，为其提供了安全港湾。在时间层面亦是如此，在安全空间环境中的青少年，能远离欺凌，在此时间范围内获得安全感。而在网络欺凌中，新媒体的重要特征之一即是能够顺利跨越空间和时间的沟通，意味着青少年即使回到传统的安全时空内，也并不影响欺凌者利用网络平台对其继续实施欺凌。比如，青少年回到家中，仍可能收到欺凌者在QQ空间或者朋友圈等平台发送的骚扰、恐吓信息等。

因此，新媒体的发展，一方面便利了青少年的自我表达、身份认同的建构以及沟通和参与，但另一方面也为网络欺凌行为提供了便利，从一定程度上说，新媒体使得欺凌逐步变成全天 24 小时内随时可能发生的事情。

第二节 青少年如何理解网络欺凌：社会建构论的分析视角

提到网络欺凌，很多成年人视其为洪水猛兽，认为网络的匿名性特征使得人的行为缺少了社会监督，减轻了实施欺凌的社会和心理压力，从而助长了欺凌行为；网络同时又提供了新的多样化的欺凌平台，提高了欺凌出现的概率。总而言之，互联网的出现决定了网上欺凌的存在及特征，并且对青少年的生活、学习与成长造成了负面影响。因此，要解决这一严重问题，最重要的是要对技术进行改造，使其变成青少年不会在上面受到欺凌的"好"技术。

以上对网络欺凌的认知和提出的解决方案属于从技术决定论视角审视技术与人和社会的关系。技术决定论视角下，技术决定了人如何使用技术以及社会如何发展，忽略社会和人对技术的制约和影响。此种视角下对青少年网络欺凌的认识，过分关注技术要素，而缺乏对青少年网络欺凌的实施者、被欺凌者以及旁观者所处的社会文化环境、家庭环境以及青少年自身发展阶段特征等因素与欺凌行为之间关系的完整认识。如果不能清楚认识问题的存在，便无从谈起如何有效预防与制止网上的欺凌行为。

鉴于此，作者建议从技术的社会建构理论框架出发去认识媒介、青少年网络欺凌行为及其与青少年自身发展之间的关系。技术的社会建构理论是社会建构理论向技术研究的延伸,由荷兰科学知识社会学家比克(Bijker)和美国科学知识社会学家平齐(Pinch)提出,提供了与技术决定论不同的技术研究视角。此种框架下,技术并非独立于社会和人而存在并且对人的行为与社会产生决定作用,而是作为社会整体中的一部分,其如何产生、如何为人所用以及所产生的社会影响是与人和社会密不可分的。

技术的社会建构视角的青少年网络欺凌研究,不仅关注网络的技术特征所提供的可能性,还关注青少年所处的社会、学校、家庭等环境及青少年自身发展的特征如何影响其网络使用行为以及网上欺凌经历,以期更完整全面地从青少年视角出发,描绘和解读青少年网络欺凌行为,为制定合理有效的预防和干预政策提供理论支持。

一、青少年对欺凌中媒介角色的认知

互联网的出现及其在青少年中的普及,对于青少年发展提供了多方面的可能性。互联网的一些技术特性,如相对匿名和自由的网络互动平台以及大量用户,拓展了青少年互动和交往的空间。一方面,在网络空间内,青少年既可以和现实生活中的好友互动,也可以与陌生人交流,开阔视野,提升与人沟通和交往能力。另一方面,网络空间的匿名性也有可能为欺凌提供新的平台和空间,使得互联网成为青少年欺凌的工具,这也是很多成年人对网络产生忧虑的重要原因。

网络的技术特征虽然提供了以上可能性,但青少年对其在网络欺凌中的角色也进行了建构。当成年人对网络欺凌的关注点集中于包括匿名性在内的技术特征时,青少年由于其独特的发展阶段特征,决定了他们有着和成年人不同的需求,因而其视角下对媒介在欺凌中角色的认知和建构会反映其群体特征。比如,一项对加拿大 6~9 年级学生的网络欺凌研究中,当问及学生为何在网上欺凌他人,他们给出的理由如下:不喜欢对方;对方惹他们不高兴;他们先被对方欺凌,所以理所应当以同样方式反击;他们的朋友在网上欺凌过他人,所以他们认为这是可以被接受的行为。在以上给出的理由中,无一涉及技术特征,也就是说这些学生在网上实施欺凌并不是网络为欺凌提供了便利,决定充分利用此便利去对他人欺凌,而是反映了青少年自身的经历和需求。

网络的技术特性一定程度上不会促使本不想欺凌别人的青少年去进行欺凌,而是为那些出于某种原因想实施欺凌的青少年提供了更多的平台和更大空间,以便利他们欺凌行为的实施。在此种情境下,网络的技术特征确实使得欺凌出现独特之处。

密西拿等学者的研究中,青少年视角的网络欺凌和现实生活中的欺凌相比的独特之处包括两方面。首先是欺凌无处不在。研究中的青少年用无休止的欺凌(non-stop bullying)来形容网络欺凌。一些青少年认为,当放学后回到家里,他们期待的是远离欺凌,本该安全和受到保护的环境,因此在家里自己的卧室上网时受到欺凌让他们尤其感觉受到侵犯,造成心理上极大的落差;此外,网络欺凌也存在校园环境,手机在青少年群体中的流行,为青少年学校里上网以及进行欺凌提供了便利条件。

其次,与网络空间的匿名性有关。有些青少年承认网络的匿名性使得有些人对在网上欺凌别人无所顾忌,而且有时候因为不知道被哪些人欺凌,受害者无法向成年人报告;但很多青少年报告他们经历的大部分网络欺凌来自他们的社交网络,也就是并非来自陌生人;有些青少年描绘道,"我认为网络欺凌非常恐怖,因为有时候当你被欺凌时你不知道对方是谁,有时候即使你知道是谁做的你也会感觉非常难过,因为你看不到她,因此不能当面告知她你的真实感受"。

以上研究中青少年对于媒介特征在网络欺凌中角色的理解,一定程度上证实了作为媒介使用者的青少年，网络是嵌入其日常生活和学习中的一种形式的媒介，其技术特征并非决定青少年的使用行为；相反，技术的存在满足了青少年群体的需求，为其相关行为提供了便利。

二、青少年对网络欺凌的认知

青少年作为互联网使用的中坚力量，有些作为网络欺凌行为的参与者、受害者与旁观者，其在网络欺凌的认知和建构过程中所发挥的作用不容忽视。由于很多相关研究证实了网络欺凌对被欺凌者造成了巨大的心理和精神伤害，学术界对网络欺凌一直比较关注，试图通过实证研究界定网络欺凌的严重程度。

然而，不同国家的学者关于网络欺凌发生概率的研究，得出的结论则差异很大。如帕特金与辛杜佳对35个关于网络欺凌的研究进行回顾，发现这些研究中的网络欺凌发生的概率差异巨大，最小的为5.5%，最大的为72%，其中平均欺凌率为24.4%。有学者认为造成如此大差异的主要原因在于不同研究中样本的选择、测量方法以及时间跨度等因素的不同。从建构论视角来看，真正的原因在于这些研究并未真正从青少年视角出发，研究他们对网络欺凌的建构，导致学者们所界定的与青少年群体建构的网络欺凌的脱节。

青少年对网络欺凌的建构与其所处的文化、社会环境密不可分。网上互动中，同样的语言使用或者互动方式的选择，在有些群体青少年看来，只是为了交流而非实施欺凌，而来自另一群体的青少年却认为受到了歧视和侮辱。以笔者之前做过的城乡青少年社会化媒体使用的研究为例，某位农村男生通过QQ加了某城市女生为好友，因城市女生对网上和陌生人交友不感兴趣，因此开始交流时比较冷淡，具体表现为用很简短的回答敷衍农村男生。对女生来说，她仅仅在表明自己对和陌生人聊天不感兴趣的态度，她无意也并非在对男生进行欺凌；而男生则恰恰相反，因为从女生QQ空间中的照片和日志识别出女生为城市女孩，所以他认为女生的冷漠所表现的是城市女孩的傲慢，本质是对来自农村的他的歧视，因此他感觉受到了莫大的侮辱与欺负，造成了一定心理伤害，而事实上女孩并不知道他是来自农村还是城市。虽然不符合主流研究对网络欺凌的定义，但上述例子中男生把自己定义为网络欺凌的受害者。他的这种建构虽然与个人敏感的性格有关，但最主要的根源在于我国城乡不平等的二元结构与城乡关系中农村的弱势地位。

此外，在国际比较层面，贝朗等学者对美国与加拿大中学生与大学生群体的网络欺凌研究中发现，两国学生汇报的网络欺凌比例存在差异，美国学生中出现网络欺凌的比例要高于加拿大学生。虽然作者对此差异的解释主要集中在研究方法方面如样本中男女比例的差异，但两国的社会和文化因素在此差异中所起的作用也不容忽视，而且需要进一步深入探讨。因此研究青少年对网络欺凌的建构需要充分考虑社会、文化等宏观因素。

家庭与学校环境对青少年对于网络欺凌的建构也形成重要影响。对青少年来说，家庭和学校是其主要活动空间，在其社会化过程中起着重要作用。学校中欺凌行为是否存在，以何种形式存在，以及老师和学校对欺凌的容忍度和处理方式，塑造着青少年在网络空间中对欺凌的建构。同样在家庭中，家庭关系是否平等和民主，父母与人交往时是否存在欺凌行为，以及受到欺凌的处理方式，也在时刻影响着青少年对网络欺凌的建构。从一定程度来说，青少年对网络欺凌的建构是把其对家庭和学校生活中对欺凌的建构延伸到网络空间。因此，对青少年网络欺凌建构的研究不宜忽视对其家庭和学校环境的考察。

此外，值得注意的是，青少年的欺凌行为一般会延续到人生下一阶段。贝朗对美国和加拿大青少年的研究证实了在两个国家青少年中学阶段的欺凌都会延续到大学阶段，而且中学阶段的欺凌形式和大学阶段的形式也有极强的一致性。因此，我们对青少年网络欺凌的关注点不能只集中在学校环境之中，而应充分了解家庭环境及家庭成员之间的关系对青少年欺凌行为的潜移默化的影响。在理论层面，安斯沃斯的依赖理论（Attachment Theory）用以解释此类现象，青少年在成长早期与其照料者（caregiver）建立的没有安全感的情感联系可能对其与包括同龄人在内的他人建立关系产生负面期望和影响。比如，在家庭里未体验过与父母的信任关系的青少年可能会难以信任他人，而且与同龄人的互动中更容易表现出敌意和攻击性。

青少年作为一个群体，其成长与发展的阶段对其建构网络欺凌也产生着影响。对青少年来说，朋友关系是社交网络中重要的组成部分，在其成长中占据重要地位，与朋友在网上的互动也影响着其对欺凌的认知和建构。密西拿等学者的研究表明，朋友之间有些行为也被归类为欺凌，举例说一个12岁女孩，当你和最好的朋友吵架，她因为非常生气以致想通过一些行为对你实施报复，你认为你能信任她，但她能把你的事情放在网上对你进行网络欺凌。在成人的世界中，好朋友之间的吵架及相关行为不一定能归入欺凌，而这种成年人和青少年由于发展阶段及生活经历的不同，他们对欺凌的建构则可能有很大差异。

还有研究证明了不同年龄段青少年网络欺凌的概率不同，具体来说年纪大的青少年较之年纪小的青少年更爱在网上实施欺凌行为。如密西拿等研究发现12～14岁青少年中有多于25%的学生报告曾在网上对他人进行过欺凌，而11岁的学生报告欺凌过他人的比例为17%。因为作者采用定量研究方法，获取的仅是关于欺凌比例的数据，并未探讨具体原因，但研究一定程度上反映了网络欺凌实施者的年龄差异。

第三节　英国应对网络欺凌的经验

随着社会化媒体的发展，基于社交媒体的欺凌问题日益严重，并引起广泛的社会关注。英国一个致力于校园欺凌问题的公益机构（Bullying UK），近年来对网络欺凌进行了较为广泛的调查。该机构2006年的调查显示，有69%的学生在过去一年中曾被欺凌，其中有7%经受了网络欺凌，这些欺凌以邮件、手机短信和即时通信平台接收到骚扰信息为主要方式。

2014年，该机构又发起了针对英国青少年欺凌及其影响的调查，调查对象包括青少年、家长、教师和相关从业者，调查最后收到了8970份回复。调查结果显示，自上次调查后的近十年间，随着新媒体尤其是社交媒体的发展及其在青少年群体中的普及，欺凌问题日益严重，英国青少年在流行的社交媒体平台Facebook（57%）、Instagram（38%）、SnapChat（32%）上受到欺凌的比例较高；其中有52%青少年遭受谣言的困扰，46%在网上受到过威胁。此外，调查还显示，79%青少年曾目睹他人被网络欺凌，有38%青少年在网上没有安全感。

针对日益严重的网络欺凌事件，英国政府和学校采取了多重实质性的保护措施，以有效预防和应对网络欺凌的发生率及其对青少年的伤害，主要包括以下三个方面。

一、以校园预防为主

校园是发生网络欺凌的重要场所,很多欺凌虽然发生在网络空间内,但欺凌和被欺凌对象多为同一学校的学生,因而校园内的预防和干预显得尤为重要。英国的校园干预措施强调预防的重要性,基于传统的校园欺凌预防措施,结合网络欺凌的新特征,做出相应的应对举措。

(一)理解和讨论网络欺凌。理解何为网络欺凌以及网络欺凌的危害之处,是在校园内进行网络欺凌干预的重要基础。通过在全校范围内,广泛开展网络欺凌的主题讨论,提升全校师生对何为网络欺凌及其对他人所造成的严重伤害的认识。此外,也需强化青少年及家长使用网络的责任意识,以及提醒滥用技术可能带来的惩罚。

(二)更新现有政策和实践措施。基于学校针对传统欺凌的政策和实践,结合网络欺凌的新特征,更新现有的欺凌政策,如制定与相关行为、精神关怀和在线学习相关的策略。学校应该对每个网络欺凌案例进行记录,而且应该追溯其在学校的网络使用记录,从而对欺凌者形成震慑,减少在校内利用学校设施进行欺凌的可能性。

(三)简化网络欺凌举报程序。学校有责任提供简单、便捷的欺凌举报途径和程序,为被欺凌者提供便利。此外,学校应该采取形式多样的欺凌举报的途径和方式,并广泛宣传,使得学生能根据自身遭受的情况选择合适的途径和方式。这些方式主要包括成立学生委员会专项工作小组、同伴举报、匿名举报以及提供相关工作人员信息等。

(四)开展正面使用互联网教育。引导学生积极、正面使用互联网,建立健康的网络环境,减少网络欺凌的发生概率。学校通过鼓励学生正面使用互联网,更多将互联网视为辅助参与、有效学习以及提供个性化学习的工具,而非欺凌的工具。更进一步,学校应该推动关于网络礼节、网络安全和数字素养的讨论，以提升学生的网络素养，规范网络行为，从而减少欺凌行为的出现。

（五）对现有预防措施进行评估。欺凌措施的建立，并非一劳永逸之事，因为随着新媒体的发展，欺凌也会有相应的动向。因此，学校需对其网络欺凌措施进行定期评估，以检验现有措施是否能有效预防网络欺凌，并在必要时做出有针对性的调整。这种对现有措施的定期评估，有助于提升学校网络欺凌干预政策的灵活性和有效性。

二、线上多方联动

除了学校之外，还有其他相关政府和社会机构致力于网络欺凌的预防。这些机构强调网络安全的重要性，通过网络向父母或监护人、青少年和教师提供网络安全方面的信息和支持，旨在对网络欺凌进行预防。如英国儿童侵犯在线保护中心（Child Exploitation and Online Protection Centre，CEOP）发起了 ThinkUKnow 项目，该项目面向英国 11～16 岁儿童，已获得英国教育部和教育技术机构的支持，旨在为青少年、家长和教师提供关于网络欺凌问题方面的建议，以及与网络安全相关的信息。

除了运用网络平台提供相关信息和建议以外，有的机构还充分发挥新媒体的社交优势以及青少年群体的互助精神，开发在线分享和互助平台，以应对网络欺凌。如英国反青少年欺凌慈善机构 Beatbullying 开展了"网络导师"（CyberMentors）项目，该项目面向 11～25 岁的青少年，将其中一部分人培训为线下和网络导师，从而为同龄人提供相应的帮助。这些网络导师中的很大一部分青少年，也曾是欺凌的受害者，他们能结合自身经验和所受到的培训，通过社交网络为有需要的同龄人提供帮助。

三、法律干预

英国出台相关法规，要求学校针对校园欺凌采取措施。如1998年出台的学校标准和框架法案（School Standards and Framework Act），该法案明确规定英国所有学校必须有反抗欺凌的政策。同时，政府还有相应机构对各个学校反欺凌政策及执行程度进行监察，如英国的教育标准办公室（Office for Standards in Education，OFSTED）会定期进行检查，查看学校是否存在欺凌问题，以及是否对欺凌采取有效措施，并针对校园欺凌定期发布报告、提供指导意见。

上述主要是针对校园内发生的欺凌，虽然英国尚未出台针对网络欺凌的法律，但一些民事和刑事法津已被应用到网络欺凌情境，如施行于1988年的恶意通信法（Malicious Communications Act）、1994年的刑事司法和公共秩序法案（Criminal Justice and Public Order Act）、1997年的防止骚扰法（Protection from Harassment Act）、2003年的通信法（Communications Act）、苏格兰扰乱治安法案〔Breach of the Peace（Scotland）〕以及2013年的诽谤法（Defamation Act）[1]。此外，皇家检察署于2012年12月发布了指南，解释如何在当前立法下对网络欺凌案件进行评估。

第四节　我国应对网络欺凌的建议

发生在青少年群体中的网络欺凌对青少年成长造成严重危害。对于正

---

[1] Legal perspective: UK law[EB/OL]. [2016-5-16][2017-02-14]. https://www.cybersmile.org/advice-help/category/cyberbullying-and-the-law.

在发展中的青少年群体，其身体和心理健康与其对归属感和社会联系的认知密切相关。存在于网络空间的欺凌破坏了青少年的归属感，使其感觉到被同龄人排斥，易于引发精神问题，注意力不集中，较差的学习表现，甚至对学校产生排斥。

根据英国在网络欺凌方面所采取的措施和取得的经验，结合当下我国青少年网络欺凌的现状，笔者认为，解决网络欺凌，我国应该在以下几个方面加以努力。

一、开展实证研究，明确界定中国情境下的网络欺凌

（一）对网络欺凌的内涵做出明确界定。网络欺凌虽然与传统欺凌有相似之处，但是受新技术的影响，又存在其特殊之处。较之传统校园欺凌，网络欺凌所发生的范围更广、形式更多样、匿名度更高，导致对网络欺凌内涵的界定存在一定难度。虽然存在困难，但也需要对何为网络欺凌做出明确的界定，否则后续的防范和干预将无从谈起。因此，需要结合国外的经验以及我国的实际情况，对何为网络欺凌做出界定，识别哪些行为属于欺凌，从而为提前预防和事后干预打下基础。只有对哪些行为属于欺凌有明确的认识，才能清楚哪些行为需要事前防范，哪些行为属于欺凌，并采取相应的政策和措施进行干预。在此环节中，既需要注重对国外实践经验的借鉴，同时也要关照我国青少年群体的特殊情况，确立适合我国国情的网络欺凌内涵。

（二）进一步开展相关实证研究，尤其是质化研究。面对网络欺凌在青少年群体的盛行以及对青少年发展的危害，国内已有很多学者对网络欺凌进行研究。大多集中在网络欺凌的问题及其危害，分析网络欺凌的界定及特点，介绍国内外青少年网络欺凌的研究，关注国外网络欺凌研究的最

新进展，了解发达国家应对青少年网络欺凌的对策，这些研究为我们全方位多角度了解网络欺凌打下了基础。与此同时，在对网络欺凌做出初步了解后，我们也需要相关的实证研究，去深入了解青少年自身对网络欺凌的建构及倾向于采取的应对策略。但在研究过程中我们需谨记的是，由于成人与青少年所处发展阶段的差异，很容易站在成人视角对网络欺凌进行建构，可能出现对青少年网络欺凌问题认识的偏差。

国外的实证研究则主要采取定量的方法，知名青少年与互联网研究学者伦敦政治经济学院的新闻与传播学院院长利文斯敦教授与同事曾提出，学界研究很少使用定性研究方法或者综合多种研究方法，因此我们对青少年自身的经历、看法或者符合他们日常生活实际的网上行为知之甚少。因此我们的研究建议采用定性或者结合多种研究方法，深入了解我国青少年网络欺凌的现状、特征及相应的解决办法。

二、建构良好校风与家风，加强学校联动

（一）建构平等和民主的社会、学校、家庭环境。青少年和媒介都是社会和文化整体中的一部分，媒介的发明、发展及其如何被使用，反映了社会和文化结构。在一个平等和民主的社会之中，人与人之间互相尊重，大家都与人为善，极少有恃强凌弱现象的出现，家庭成员间和睦信任，学校同学间团结友爱，那么试想在这样环境下设计出的媒介以及青少年群体对媒介的使用会出现欺凌吗？因此，要想解决网络欺凌问题，最根本的是为青少年提供一个不存在欺凌的社会、家庭和学校环境。

倡导改善社会和文化环境并非假大空话，而是对问题本质以及现今主流应对政策的反思。现今国内外主流应对措施，虽然能在一定程度上缓解或者小部分解决某些青少年面临的网络欺凌问题，但由于未从社会与文化

对网络欺凌的建构的视角去认识问题,头痛医头、脚痛医脚,治标不治本,并不能从根本上解决问题。长远以来社会大环境的改善,虽非一己之力可以实现,一日之功可以达成,但社会政策制定者以此为立足点所制定的网络欺凌干预政策,势必更有前瞻性。

(二)以青少年自身对网络欺凌的建构为切入点,充分理解青少年网络欺凌相关的认知、态度与行为。考虑到目前青少年网络欺凌的广泛性和危害性以及社会环境改善的长远性,仍需从微观视角关注青少年网络欺凌的机制,从策略层面给出指导。目前国内外研究以及政策报告中给出很多实用性意见,并已付诸实施,而且取得一定成效,在此不一一赘述。由于本章提议从建构论视角认识青少年网络欺凌,在此仅从青少年自身对网络欺凌应对方式的建构视角提出应对措施。

很多青少年面对网络欺凌,并非向家长、学校或者相关人士报告,而是选择沉默。他们选择沉默而非向学校、老师和家长报告的原因主要在于怕遭到报复以及怕在同龄人之中形成告密者的坏名声以致被孤立。被某人欺凌以及旁观欺凌者的沉默,一方面不利于学校和家长了解到网络欺凌发生的机制以及对青少年造成的伤害,另一方面助长了实施欺凌者的威风,使其更无所顾忌地欺凌他人。因此,需要从青少年沉默的原因出发并采取措施,打破青少年的沉默。比如,充分利用网络优势,建立网络平台,使青少年可以进行匿名举报,减轻其担心受到报复或被同学知道后对其名声造成影响的顾虑。

(三)加强三方联动,做好网络欺凌的防治工作。英国的经验表明,无论是学校、家长还是政府和社会机构,都强调事前预防的重要性,采取各种政策和措施以降低欺凌行为发生的概率,从源头上解决问题。而在我国,现今网络欺凌问题引起关注,很大程度上源于青少年中发生了欺凌事件,对青少年身心造成伤害,从而引起了广泛的社会影响。而社会舆论主要围绕欺凌的危害和影响，相关的讨论更为强调事后的干预，对事前防范的重要性有所忽略。鉴于此，我们需要加大青少年网络欺凌防范工作的力度，切实从源头减少欺凌行为的发生。

具体到实践层面，需要切实联合学校、家长和学生多方力量，加大对网络欺凌危害的宣传，加深家长对网络欺凌问题严重性的理解，强化青少年使用网络的责任意识；学校需要建立完善的欺凌预防机制，如通过记录校园网络使用情况，加强对青少年校内手机使用管理等，对欺凌者形成震慑；最后，学校需要对相应措施定期进行评估，确保其适应青少年、技术和社会的变化。

三、充分利用新媒体平台，应对网络欺凌

（一）加强青少年媒介素养教育。新媒体及其使用者都嵌入在社会结构之中，新媒体所拥有的技术特征为其使用者提供了一定可能，但不决定青少年如何对其进行使用。对于网络欺凌问题也是如此。相关研究也证实了大学生群体较之于中小学生群体，虽然对新媒体使用时间更长频率更多，但此群体的网络欺凌现象并未比中小学生群体多。因此，思考如何解决青少年网络欺凌，并非一定采用限制接触和使用新媒体的方式，而是加强媒介素养教育，让青少年充分理解媒介的特征以及其所带来的正面及负面的可能性，引导青少年形成对媒介的正确认识，积极正面地使用媒介。

（二）新媒体虽然为欺凌提供了新平台，但同样可以成为预防和干预欺凌的新阵地。英国政府和相关机构，不仅通过网络平台向家长、老师和学生提供相应的信息和建议，同时充分利用新媒体的互动和交往特征，鼓励有类似经历的青少年作为导师，为同龄人提供基于人际交往的互助。同样，鉴于我国较高的新媒体使用率，完全有条件也有必要通过各种新媒体

平台，面向青少年、家长和相关群体，传播网络欺凌方面的信息和知识，提升对网络欺凌及其影响的认识，加大对网络欺凌问题的解决力度。此外，目前青少年已成为社交媒体的重度用户，因此还应充分发挥社交媒体的社交优势，加强青少年之间关于网络欺凌的讨论和分享，传播网络欺凌的危害，提升对欺凌的防范意识，以及对受到欺凌的青少年给予情感和信息支持，引导其成为青少年寻求帮助和获得支持的平台。

第五章
公众参与和社会发展——以文化遗产保护志愿团体为例

随着我国进入转型社会以及互联网等新媒体的发展，社会交往和合作出现新的特征。转型社会中，社会问题频出，人际交往出现新的模式，人际间以及对政府和权威的信任出现空前危机，对社会协作和公共参与提出新的挑战。而随着互联网尤其是社会化媒体日益深入人们的生活中，加之个人主义和消费主义的盛行，一定程度上放大了社会问题的严重程度，加剧了社会交往和社会联系中的不信任，严重影响了公共参与。

而信任和参与，正是普特南社会资本理论体系中的重要指标。普特南基于美国公共参与的减少和信任程度的降低，得出美国社会资本衰退的结论，并表示其对整个社会经济发展和民主运行的负面影响。处于转型期的我国在公共参与和信任方面的特征，置于普特南的理论框架下，也表现出社会资本降低的特征。

然而，并非社会的所有领域都表现出较低的社会资本存量。在乡村建设领域，活跃着一个特殊群体，他们来自民间草根，志愿参与和组织乡村建设，社会交往和协作中处处体现着信任、互惠和合作。他们自发创办荫城铁器馆，留住黑铁文化根脉；推动新疆公益环保，发展生态科技事业；

打造郫县民俗博物馆，再现川西农耕文化；开展十年新村实验，打造生态幸福家园；推动新农村建设，探索知青互助养老模式；奔走呼吁，致力文保十年；创办中国汉江航运博物馆，弘扬千年汉水文化；甘当文化义工十余载，守望故乡民间文化……这个群体的实践，为我国社会资本的积聚，提高社会资本的存量，进而促进经济、社会和文化的发展，起到了不容忽视的作用。

本章从以上典型事例中选取自发参与和组织文化遗产保护的两个群体，以普特南的社会资本理论为分析框架，以案例研究的方法，分析文化遗产保护领域中所表现出的社会资本积聚行为，探讨其对社会的经济、政治和文化层面的影响，从而为其他领域社会资本的积聚和存量的提升，提供借鉴。

第一节　研究的理论框架

社会资本理论，起源于社会学领域，由法国社会学家布迪厄第一次进行系统性阐述，之后逐渐被政治、经济、法学、教育等领域所采纳，成为社会科学领域的重要理论之一。基于研究视角的不同，学界对社会资本理论的研究分为两大学派：一是社会公正学派；二是融合（integration）学派。社会公正学派以布迪厄为代表人物，强调理论与社会不公、社会斗争以及社会不平等的困境的关系；融合学派以美国社会学家科尔曼和政治学家普特南为代表人物，更倾向于关注理论与解决集体行动困境的关系。而科尔曼和普特南虽属同一学派，关注的维度又不尽相同，前者关注社区层面的社会互动和社会关系，而后者更关注宏观层面的特征。

鉴于本章关注的问题集中于区域层面上文物保护的公共参与及其社

影响,其中所涉及的内容反映了普特南的社会资本理论的要素,因此下文重点阐述普特南的社会资本理论及相关研究。

在普特南的社会资本理论启发下,国内有些学者在此框架下对公民参与进行了研究。有学者从理论层面解析普特南的社会资本理论及其发展。熊跃根以普特南提出的"社会资本下降"的命题及其论述为基础,讨论市民社会发展过程中的社会资本建构问题,并进一步阐述转型社会非营利组织和社区的社会资本积聚以及公民参与的问题及意义。

按照普特南的看法,虽然在一些领域中国出现了市民参与和与社会联系减少,可能导致社会资本下降的现象。但是,在其他方面,却又出现市民社会不断发展的新局面。例如,从20世纪80年代改革开放到今天,中国的社会团体和民间组织(或协会)数目大幅度上升,城市志愿主义活动不断增加,大学的社团活动也很频繁,而居民自发组织的一些社区活动也很活跃。

虽然社会资本理论引起了国内不同领域学者的广泛关注,但较之其他领域,关于民间志愿群体及社会资本的研究尚且不多,因此基于以上讨论,本章主旨即是在普特南的社会资本框架下,通过分析普通公众在文化遗产领域的志愿参与行为,以探讨其中所体现的社会资本的特征。

第二节 研究设计

本研究的研究方法为个案研究,选取了"爱故乡2015年度人物"中的涂月超致力于南阳文化宣传和保护,以及"拾穗者民间文化工作群"(以下简称"拾穗者")守望故乡民间文化两个案例。涂月超,河南南阳人,退休后一直作为志愿者,从事南阳文化遗产的保护和宣传工作。他不仅自己身体力行,还申请创立了大河网文化遗产板块并担任版主,发布完全由自己收集的文化保护相关内容，同时也组织和动员了其他人志愿参与到保护文化遗产的行动之中。在此过程中，他为南阳文化的传承和保护做出了贡献。"拾穗者"是致力于地域文化和汉水文化整理、研究、保护和传播的非营利组织，其核心理念是"回到田野、守望故乡"。自组织成立起，一直行走在田野和城市街道，整理和传播民间传统文化，致力于保护传统文化和留住城市记忆。

之所以选择以上两个案例，主要原因如下：首先，案例被选入"爱故乡 2015 年度人物"，足见其在本领域的代表性和影响力；其次，案例中主人公及志愿团体的事迹，不仅体现了公民参与文化传承和保护的行为，也呈现了普特南社会资本理论的很多要素，为从社会资本视角进行分析提供了事实基础；最后，由于其在媒体和民间的广泛影响力，为收集到丰富的数据提供了便利。

研究数据的收集渠道包括当事人在爱故乡颁奖礼的发言、爱故乡年度人物故事集的事迹介绍、会后对当事人的访谈以及媒体平台对其事迹的相关报道。通过对以上途径收集的数据进行分析，本研究旨在揭示民间参与文化保护和传承的行为和模式，以及在此过程中所反映的社会资本积累及其影响，从而为鼓励和推广公众参与文化保护的行为提供参考。

第三节 分析与讨论

一、信任

信任是普特南社会资本理论体系中重要的指标之一，无论涂月超还是"拾穗者"的事迹中，都展现了信任这一重要特征。作为民间自发进行文化保护和传承活动的志愿者,虽然着眼点在于发动和组织民间力量,参与到文化保护中,但坚信文化保护中政府的主体作用,而且相信政府有决心也有能力从政策层面推动文化保护工作的发展。两个案例中,对政府的信任主要表现为以下几种形式。

第一,基于自己的实践和研究资料,为政府提出意见和建议。如"拾穗者"通过多次实地调查和研究南漳及邻近地区的古山寨,掌握了丰富和深入的第一手资料之后,致函当地县委,提出关于山寨保护的意见,不仅收到了县委书记的回复,而且获得了肯定。同样,在涂月超案例中,也出现了多次就文化保护事项联系政府相关部门的行为,如给省文物局长写信咨询及提出建议、当面向国家文物局长建议楚长城的认定事项,以及主动向国土资源部等部门领导推荐自己故乡的古村落等。

第二,直接参与到文化保护相关政策和法规的制定之中。通过调查和研究积累了第一手材料之后,两案例中的志愿者均展现了主动地参与到政府和相关机构的决策制定的积极性,试图通过自己的实践经验和知识积累为政策制度提供支持。以"拾穗者"为例,在得到了社会各界的支持与认同的基础上,参与了当地相关的文物保护的研讨会和听证会,以及参与当地政府和相关部门的重要会议和重大课题的研究。同样,涂月超在古村落保护会议上对自己关注的古村落的推荐,引起了相关部门的关注,经过考察、评审以及投票等环节后,这些古村落成功荣获"中国景观村落"称号。因此,在志愿者与政府机构和其他相关机构互动的过程中,志愿者对机构的信任是公共参与成功与否的重要因素之一。

在上述两个案例中,信任体现了双向互动的特征。具体来说,志愿者对政府和其他机构的信任,与政府对其信任和支持密不可分。涂月超的文保工作得到了政府和相关专家的信任和支持:南阳市文物局领导不仅与涂月超短信沟通到半夜,以及当面对涂月超表示支持其文保工作,而且为涂月超文保板块的活动捐赠书籍；一直关注和研究楚长城的专家们邀请涂月超讲述楚长城，传达当地人的文保心声；对于"拾穗者"来说，获得的信任和支持尤为突出：襄阳市文物部门为其查找资料提供便利；获得文物部门、地方政府和相关机构的信任，获邀参与重要会议和重大课题研究；得到当地文化、宣传、社科联、方志办等部门的支持，参与文化保护的考察、调研以及宣传活动；被《襄阳日报》评论为"一群纯粹的人，一群脱离了低级趣味的人，一群有益于故乡和人民的人"。

由此可见，上述两个案例充分体现了普特南社会资本理论中的信任这一指标。参与文化保护的志愿者及组织，基于对政府和相关机构的信任，在调查和研究并掌握了相关资料的情况下，不仅积极向政府提出意见和建议，而且主动参与到政府文保政策的讨论和制定当中，实现了公民的参与。另外，公共参与的成功与政府和相关机构对公民参与的信任密不可分，这些机构通过主动邀请志愿者参与到讨论和研究中，充分表现其对志愿者能力和行为的信任，更进一步提高了公民参与文化保护的积极性和主动性。而正是这一基于信任的政府和机构与公民之间的双向互动，形成了良性循环，有利于文保事业的良性发展。

二、参与志愿团体

参与志愿团体是普特南社会资本的测量指标之一，本文两个案例中均体现了这一指标。以"拾穗者"为例，其组织和运营形式等方面均体现了组织的志愿团体特征，以及团队成员的志愿参与行为。具体来说，该团体本身就是一家致力于文化保护的非营利组织，其核心理念是"回到故乡、守望故乡"，核心价值是志愿奉献。现任会员来自不同行业，大家因为共同的理念和价值观走到了一起。现任召集人邓粮同时也加入了包括中国古遗址保护协会以及中国民俗摄影协会在内的其他组织。在过去十年的工作中,"拾穗者"团队始终利用业余时间,AA 制自费参与保护传统文化的活动。团队及成员的志愿活动得到了社会和政府的广泛认可,并多次获得"襄阳市志愿服务活动先进集体""襄阳市优秀志愿者"等荣誉称号。由此可见"拾穗者"的志愿团体本质,而团队成员的参与则体现了普特南社会资本定义中的志愿参与的特征。

同样,涂月超及案例中的相关人士也做出了志愿参与的行为。涂月超申请设立了大河网文化遗产板块,以此为重要阵地,宣传文化保护理念,组织线下的志愿参与活动。同时,她本人也参加了包括中国长城学会、河南省楹联学会、南阳民俗文化研究会、南阳卧龙区民间文艺家协会等社会团体。她对自己的定位是民间文化志愿者,喜欢说"志愿者,有志而愿行,希望自己的愿行能为他人为社会带来些微弱的正能量"。因此,涂月超对文化保护的参与也属于志愿参与行为。

三、社会资本的影响

普特南的社会资本理论体系中,社会资本有效地促进了地区的经济发展以及提升政治绩效。本文的案例中,公众参与文化保护的实践,也在一定程度上促进了当地居民收入的提升、经济的发展、政治绩效的提升以及文化的保护和传承。

首先,公民参与当地文化保护的行为,不仅解决了当地部分居民生活问题,而且增加了居民的收入。涂月超以及"拾穗者"成员,在参与当地文化遗产保护的过程中,除了关注如何有效宣传和保护文化遗产外,也在与当地人的频繁接触中,通过多种形式了解到了当地居民的生活状况,并尽自己所能帮助困难群体。涂月超曾于 2004 年参与大河网友对楚长城的调研，为楚长城下的困难人群捐款捐物；同时，自 2005 年以来，涂月超在楚长城沿线的山区资助了两个小学生，并发动网友给当地小学捐款捐物。

而"拾穗者"团队更多关注民间艺人的境况，多次帮助艺人改善生活状况。得知老河口木版画艺人陈义文经营惨淡，"拾穗者"多次赴当地看望老人，通过送衣物和米等生活必需品，以及拍卖作品等方式改善老人的生活境况。此外，南漳纸民的生活在"拾穗者"的帮助下也得到了极大的改善。以陈家造纸坊为例，这家 300 多年来一直采用古法造纸的作坊，由于受到机械化造纸的冲击而难以为继，不仅珍贵的传统工艺岌岌可危，而且纸民的生活受到极大影响。志愿者在通过媒体等各种渠道宣传和保护这一古老造纸工艺的同时，不忘为纸民提供实际的物质帮助。他们送给纸民生活补贴和日用品、帮助建立漳纸工坊手工纸陈列室、为纸民修桥便利其生活、帮助纸民参加培训以及研习营等、为纸民直接捐款 3 万余元以及通过社会关系为当地造纸拓展销路。由此可见，涂月超以及"拾穗者"的公共参与行为，为当地有困难人群提供了实际的帮助，有效改善了其生活境况。

其次，两个案例中的公共参与行为促进了当地经济的发展。涂月超对楚长城以及古村落等区域的保护和宣传，以及"拾穗者"对当地古山寨以及传统工艺的保护及弘扬，引起了社会各界人士对传统文化的关注和向往，促进了当地旅游等产业的发展。以"拾穗者"为例，他们参与宣传和保护的古山寨等地，不仅得到政府重视，成为重点开发和推介的旅游景点，而且也成为驴友的户外天堂。因此，2007 年初，南漳县委书记程宝清专门给"拾穗者"写信予以表彰："正是得益于你们这样的有识之士的极力推介，南漳的文化遗产和旅游资源，特别是南漳的古山寨、古民居和古建筑以及史载中的和氏璧得以面向世界，这一系列义举是为我们南漳人民办的大好事，对于提升南漳形象、经济社会发展具有十分重要的作用。"

再次，公众参与文化保护的行为在一定程度上有利于政府政治绩效的提升。涉及文化保护领域，虽然政府需要起到主体作用，但由于受到资源和精力等因素的限制，政府积极主动实施文化保护的力度一直有待提升。而公众的参与，自下而上对文保工作起到了推动和监督作用，提高政府在此领域的工作力度和绩效。如"拾穗者"团队针对南漳古寨的保护，拟写了保护意见书，引起了南漳县政府的关注和重视，最终促成了《南漳古寨保护条例》的出台，有力地推动了古寨的保护工作。正是由于类似"拾穗者"和涂月超等公众的参与行为，时刻提醒着政府和相关机构文化保护工作的重要性和紧迫性，并督促其提高重视程度和工作绩效，真正落实文化保护和传承工作。

最后，公众的参与促进了民族文化和传统文化的弘扬和传承。两个案例中志愿者的参与行为，如上文提到的为手工艺人提供生活帮助、促进当地旅游事业发展以及推动政府的参与，长远来说有利于文化的保存和传承。更进一步，涂月超和"拾穗者"团队的参与过程，极其重视媒体的作用，充分发挥媒体的传播效果，使得更广泛群体了解到我国文化遗产的丰富性和多样性，文化保护工作的重要性和紧迫性，而且激励更多民间人士加入保护文化遗产的行列中。以"拾穗者"为例，团队成员通过多种媒体平台记录、保存并传播文化遗产，在2005～2015年间，他们在主流媒体发表文章627篇，110余万字，图片1200余幅，DV作品14个，其中独立制作的DV纪录片《漳源纸事》获得第29届东京JVC录影节优秀作品奖，提高了中国传统文化的国际知名度。对"拾穗者"这个民间团体的文化保护坚守及其对文化保护和传承的影响，《汉江》总编导、华人文化集团董事局执行主席夏骏曾如此评论："在我们这样一个因为建设得很快同时又破坏得很快的时代，因为不小心，因为不在意，把文明砸碎了、扔掉了，拾穗者们去捡拾未来子孙们认识祖宗的证据，这种文化热情是一种伟大的情操。"因此，自下而上的公众参与文化保护的行为，在赢得政府和社会支持与认同的过程中，也保护了传统文化的保存与传承。

第四节　结论与建议

本研究以涂月超和"拾穗者"为例，在普特南的社会资本理论框架下，以案例研究为方法，分析公共参与文化遗产保护的行为。研究发现，两个案例皆体现了普特南定义的社会资本的特征，即公众组织和参与志愿团体，在行动过程中体现出协作和互惠，以及表现出的对政府机构和权威的信任。而公众的参与行为，对当地居民收入的增加、当地经济的增长、政治绩效的提升以及文化遗产的保护和传承，都起到了不容忽视的作用。

研究兼具学术和政策层面的意义。在学术层面，以社会资本理论为指导，探讨了文化保护领域公共参与的特征，证实了社会资本的积聚及其社会意义。为普特南社会资本理论在中国的适用性提供了论证。同时，也为其他领域的公共参与行为提供了借鉴。在政策层面，为政府和相关机构了解公共参与的机制奠定了理论基础，从而有利于政府制定相关政策，动员和发展其他领域的公共参与行为，提升我国社会资本的存量，最终促进整体经济、政治和社会的发展。

同时，本研究还有一定的局限性。首先，研究领域关注文化遗产保护的公共参与行为，并未涉及其他领域的参与行为，因此需要进一步的研究去探讨社会其他领域的公共参与行为、参与特征及其社会影响；其次，本研究围绕公共参与的行为特征展开，并涉及个体层面的态度、意愿等认知层面的因素，而了解这些因素对公共参与的动员机制至关重要，因此需要相关研究，采用量化或者质化的方法，进一步深入研究个体层面的因素。

第六章
新媒体与舆情研究：方法与进展

社会化媒体的日益广泛应用，为公众舆情的监测与研究提供了前所未有的机遇。无论是国际上广泛流行的脸书（Facebook）、推特（Twitter），还是国内普及度较高的微信、微博等平台，都有着上亿级体量的用户。大量用户每时每刻都在社会化媒体平台发布着反映其对公共事件的认知、态度与行为的内容，产生了前所未有的体量的数据，为分析公众舆情提供了数据基础。与此同时，在技术层面，包括 R、Python 等开源的、用于获取与研究大量文本数据的软件的开发，为基于社会化媒体平台海量文本的舆情研究提供了技术保障。

近年来，随着社会化媒体的影响力与日俱增，甚至呈现出直接将社会化媒体平台所呈现的公众态度与情感等同于舆情的趋势。比如，基于 2010 年英国大选媒体报道内容的分析结果表明，政治记者直接将社会化媒体等同于民意。与传统调查相比，社会化媒体文本分析成本更低、速度更快，而且更便于对海量数据进行实时分析，因此得到日益广泛的应用。比如，来自美国东北大学计算机与信息科学学院和哈佛医学院的学者们，合作开展了一项名为"国家脉搏：美国人一整天的情绪"（"Pulse of the Nation: U.S. Mood Throughout the Day"）的研究项目，以尝试依据美国公众发布于推特平台的海量数据而推断公众的整体情绪[①]。此项目基于 3 亿条美国公众的推特内容，已获得了一些初步的研究成果，如美国公众的情绪无论是在一天中的不同时段，一周中的不同时间（如工作日与周末），还是不同区域，均存在着明显的差异。

在过去的十几年间，基于社会化媒体大数据的公众舆情研究逐步拓展至各个研究领域之中。众多学者充分利用社会化媒体平台所获取的海量数据，去预测股票市场与政治选举结果，研究公众对于特定重大事件以及经济低靡做出何等反应。

然而，基于社会化媒体大数据的舆情研究仍存在着一些问题。比如，数据的代表性与数据的透明性等问题，是此类研究中不容忽视而又亟待解决的问题。本章正是立足于上述提及的机遇与挑战，对于相关领域的研究进行系统性梳理与总结。第一部分简要介绍基于社会化媒体文本数据进行舆情研究的过程与步骤；第二部分围绕经济、政治与科学传播三个领域中，基于社会化媒体舆情研究的焦点、方法与结论等，做出系统性梳理与分析；第三部分则主要关注上述研究中所涉及的问题与挑战，以及对于今后研究的启示。

第一节　开展社会化媒体数据挖掘研究的四个阶段

鉴于社会化媒体平台的数据基本上为文本类型数据，因此 Wilkerson and Casas 所提出的以文本作为数据的研究（text-as-data research）及其四阶段理论，同样适用于基于社会化媒体文本的研究。作者将文本数据的研

---

① 项目的详细信息，请见 https://mislove.org/twittermood/。

究分为四个阶段：获取文本；由文本到数据；对文本的定量分析；评估表现。在下文中，将主要结合以上四个阶段，对基于社会化媒体平台文本数据的挖掘与研究的过程做出简要阐述。

一、获取文本

首先，研究的第一步即是收集数据，在此主要指获取社会化媒体平台上的文本内容。对于获取类似脸书、推特、微博等社会化媒体平台的文本，较为常见的是借助 Phython、R 等专业工具，通过媒体的 API（Application Programming Interface）进行数据的访问、收集和处理。同时需要考虑的是，虽然技术的发展为爬取大量文本提供了极大便利，但对于此过程中所涉及的侵犯隐私等伦理问题，需要引起足够的重视。

此外，对于有些较为棘手的项目，比如需要从多个不同类型的平台获取文本，而且文本结构较为复杂，那么有两种解决方法：一是根据需要编写多个脚本或者在网上众包工作（crowdsource）；二是在一些大数据项目中较为常见的方法，即采纳包括对源关键字的计数在内的简单的测量标准。

二、从文本到数据

完成文本的爬取之后，第二阶段主要涉及将每个文档的文本内容转换为定量数据，以创建一个词项—文档（term-document）或者词项—频率（term-frequency）矩阵。在矩阵中，每一行代表每个文档，每一列代表在至少一个文档中找到的特征。整个过程主要分解为三步：第一，需要决定适合的分析单位；第二，指定每个文档中的哪些特性将用于定量分析；第三，创建基本词汇之外的特性。

三、文本的量化分析

文本的定量分析既包括简单的测量方法，如计算特定单词的使用频率，也包括近年来逐步流行的统计机器学习方法。此外，很多用以处理大规模数据分析的工具已被开发出来，而且得到日益广泛的应用。比如，匹兹堡大学、康奈尔大学和犹他大学的研究人员开发出一款名为 OpinionFinder 的软件，不仅能对文本进行主体性分析，还能自动识别文本中存在的观点、情感、推测等私人状态。OpinionFinder 已被广泛应用于学术领域。比如，在一项关于大规模推特数据所反映的公众情绪是否与股市价值相关的研究中，Bollen，Mao 和 Pepe 使用 OpinionFinder 分析了推特每日推送中所体现的消极情绪和积极情绪。

除了文本类型数据之外，基于社会化媒体平台的表情符号（emoticons）也可以用于分析公众舆情。比如，北京航空航天大学研究人员开发出了基于微博平台表情符号的情绪分析系统 Moodlens，该系统将 95 个表情符号分为愤怒、厌恶、快乐和悲伤四大类，用以发现时空情绪模式、发现异常事件，以及进行在线实时监控情绪的波动。

四、评估表现

在最后阶段，对分析结果的验证尤为重要。在此阶段采纳的验证方法主要分为两种：无监督与有监督的机器学习。在上述提及的关于推特平台的公众情感与股票指数之间关系的研究中，研究者通过比较公众对包括总统选举和感恩节在内的大型社会文化事件的反应，来交叉验证由此产生的情绪时间序列。

第二节　在政治、经济与科学传播领域的应用

一、政治领域

随着社会化媒体在政治参与中重要性的日益凸显，国内外围绕公众政治偏好（political preference）的研究随之兴起。比如，围绕英国2010年大选的研究发现，基于英国公众中流行的脸书、推特、谷歌、YouTube（视频网站）等多种社会化媒体平台相关讨论内容所估计的选举结果，在整体表现上要好于传统的调查研究。

政治领域的研究主要分为两种思路：计数研究与情感研究。第一种计数研究的思路是，采用较为简单的技术，计算与特定政党或者候选人有关的数据的总量。此类研究试图通过统计在推特等社会化媒体平台上特定候选人支持者的数量，或者政党被提及的总次数，来预测公众的偏好和选举的成功。

然而，有的学者提出，仅用计数的方法不足以准确预测公众舆论，这些学者开始采纳情感分析（sentiment analysis）的技术，通过对社会化媒体平台文本数据的情感分析，尝试预测美国总统选举、荷兰议会选举和英国大选。

此外，社会化媒体的全球性普及，为研究本国之外国家公众的舆情，提供了前所未有的机遇。以美国为例，其全球战略布局之下，对世界上很多关键国家公众的舆情，尤其是公众对于政府和选举的观点与情绪，成为美国需要掌握的重要内容。而传统的以大规模发放问卷或者进行访谈以收集其他国家公众舆情的形式，显然会受到其他主权国家的排斥。而类似脸书、推特等全球性社会化媒体的普及，则为满足此类需求提供了极大便利。

比如，在伊朗大选期间及随后的几个月里，伊朗公众在推特平台上发布了大量与选举有关的内容，以表达其对选举的看法与态度。美国兰德智库（RAND Corporation）对伊朗公众在推特平台的二百五十多万条讨论大选的推文，采用"语言探索与字词计数"软件进行文本分析，以调查伊朗大选中公众的舆论与情绪。研究发现，推特上出现的脏话不仅与线下的事件和抗议活动密切相关，而且能用于预测线下的抗议活动。此外，作者在报告中提到，使用"语言探索与字词计数"软件也能检查类似博客和推特等社会化媒体的发展，以及是否推动了巴基斯坦反美话语的发展。

在中国，学者们同样开始了基于社会化媒体文本的情感分析，以调查特定社会事件的公众舆情。比如，2011年7月23日温州动车事件之后，公众在新浪微博等社会化媒体平台上发表了大量言论，表达自己的观点与情绪。为了了解微博平台所表现出的公众舆情，有学者收集了事件发生后十天内平台上与此主题相关的二百多万条信息，对此进行情感分析。在方法层面，作者基于情绪本体模型（sentiment ontology model），从八个维度（期待、快乐、爱、惊喜、焦虑、悲伤、愤怒和仇恨）来测量公众情绪及其转换过程。研究发现，政府对事件的处理方式，是影响公众基于微博平台的情绪最为重要的变量，为政府对于此类特定的、突发事件公众舆情的监测与引导提供了重要思路。

二、经济领域

在经济领域，基于社会化媒体文本的情感分析，亦得到了广泛的应用。一些学者开发出情感监测技术，用以直接从博客和推特等社会化媒体平台的内容中提取公众情绪指标。

其中，推特平台的公众舆情及其与经济领域的关联，引起了西方学者较为广泛的关注。有研究者尝试检查推特上的公众情绪与道琼斯工业平均指数（Dow Jones Industrial Average，DJIA）之间是否存在关联。具体来说，研究者对发布于推特平台的文本，采用特定软件分析文本所反映出的公众情感，如通过上文提及的 Opinion Finder 软件研究文本的正面与负面情感，以及 Google-Profile of Mood States（GPOMS）软件从六个维度（冷静、警觉、自信、活力、善良、快乐）分析公众情绪。最终的研究结果显示，如果将特定的公众情感纳入对道琼斯指数数据的预测，将极大提升预测的准确性。

除此之外，也有研究者探索社会化媒体平台所反映的公众情感与特定社会经济现象（如重大节日）之间的关系。比如，美国研究者基于公众于 2008 年下半年发布于推特的文本，对推特上的公众情感与特定的社会、文化和政治事件进行比较，发现了二者之间的相关关系。

三、科学传播领域

在科学传播领域，某些科学议题，尤其是争议性科学议题，如转基因技术与产品、核能的开发和利用等，往往容易引起公众在社会化媒体上的讨论。与此同时，学者们开展了相关研究，试图通过社会化媒体平台了解与研究公众对于科学与技术的认知与情感。

Veltri 以纳米技术为切入点，收集公众发布在推特平台上的针对此项技术的观点与评论，并对其进行网络度量与潜在的语义和情感分析。情感分析的结果显示，总体来说公众对于纳米技术主要持肯定态度；但也存在一定的负面情绪，但此类情绪主要和未知的不确定性有关，而不是表现为公开的敌意。

针对核能的开发与运用，同样有学者进行了社会化媒体平台的舆情研究。Kugo等人对选定网络平台上公众对于高放射性废物处理的讨论内容进行文本分析，研究发现了公众讨论中隐含的主要公共诉求。具体来说，公众并不信任核燃料循环促进政策，并对废物储存技术的可靠性表示担忧。

在公共健康领域，基于社会化媒体的公众舆情分析主要关注公众对于特定事件的观点与情绪。比如，2009年H1N1流行期间，公众在推特平台上发布了大量相关讨论。2009年5月1日到12月31日，Chew和Eysenbach收集了二百万条发布于推特平台上含有"swine flu""swineflu"和"H1N1"的推文，以研究公众对H1N1的认知。结果显示，"H1N1"相关推文主要用于发布可信信息，但也提供了意见和经验。作者基于此项研究，提出推特平台的内容可以用于实时的内容分析，以监测公众的关注焦点。

第三节 挑战与启示

随着以上关于如何通过社会化媒体平台来理解、监测甚至预测公众舆情研究的开展，围绕此类研究中所存在问题的讨论从未间断。首先是存在的抽样偏差问题，而此问题往往被忽略，因为现有的研究大多只是简单地应用机器学习和数据挖掘算法，对社会化媒体用户群体缺乏足够的了解。研究者需要时刻谨记的是，社会化媒体的用户并不等于整体人群。基于此，有学者着手研究类似脸书和聚友网、推特等社会化媒体用户群体的人口统计学特征。比如，Mislove等人开发了一项技术，用以从居住区域、性别和种族三个维度，对推特用户与美国全国人口进行比较。结果表明，推特用户群体的特征与全国人口特征存在较大差异，具体表现为推特用户主要为男性、居住在人口稠密区域，而且在种族的分布上也表现出了高度的非随机性。

同样地，在一项对2008年美国总统大选有关的推特数据的研究中，Gayo-Avello发现该数据中的用户多数为倾向于支持奥巴马的年轻人，而非有代表性的群体。在讨论此问题时，研究者将此与1936年美国《文学文摘》（Literary Digest）杂志的总统大选调查相提并论。该杂志根据当时的电话号码簿及该杂志订户俱乐部会员名单，邮寄一千万份问卷调查表以调查公众的选举意愿，但由于所选样本本质上为当时美国的富人群体，而不是有代表性的全国性样本，最终导致其未能准确预测公众偏好和大选结果。相反，盖洛普仅凭3000份具有全国代表性的问卷，便准确预测了当年总统大选的结果。

此外，也有学者提出，社会化媒体时代的社会与文化情境发生了剧烈变化，因此与此相关的研究也需做出调整。

盖洛普范式主要形成于20世纪的大众社会阶段，旨在通过对选取的有代表性样本进行研究，以发现全体人口的意愿，并将整体的相对确定的偏好传达给统治阶级。而社交媒体时代的研究，由于很难实现与之相同程度的代表性，因此需要截然不同的思路。社交媒体在其广泛的人口覆盖以及收集实时信息方面表现出无可比拟的优势，因此可以说非常适合用于对更加浮躁和原子化的后现代社会的研究。

Anstead et al.

除了样本的代表性问题之外，基于社交媒体的公众舆情研究还存在着验证性的问题。近期一篇基于社交媒体文本的研究中，研究者致力于比较两种不同的文本大数据分析方法的差异，一种为广泛应用于社会科学领域的基于词典的分析方法（dictionary-based analysis），另一种为计算机科学和工程领域中最常用的无监督主题模型（unsupervised topic modeling）。研究者分别采用上述两种方法，对 2012 年美国总统大选期间发布于推特平台与选举相关的七千七百万条相关推文进行分析，比较不同方法所揭示的对奥巴马和罗姆尼的讨论话题的定性结构和比例，以比较两种方法的有效性。研究结果表明，这两种方法都有一些有价值的结果，但是基于无监督主题模型（此研究主要采用 LDA）的分析在几个方面都比基于字典的方法有更好的表现。然而，作者也发现，两种方法均产生了显著的错误，其中基于 LDA 的方法产生更多的假阳性，而基于字典的方法则产生更多的假阴性。由此，研究者建议在使用以上两种方法进行社交媒体文本研究时，可以考虑将两种方法结合起来用，以降低错误发生的概率。

更进一步，Guo 等人提出，较之于计算机等领域的研究，传播学研究中类似主题的研究存在着"黑匣子"（black box）方法。他们指出，传播学学者虽然会提及所使用的程序或者工具，但其文章中仍欠缺对研究过程与方法更为详细的阐述，而这种缺乏透明度的方法将不利于确保结果的有效性。

结语

社交媒体的飞速发展及其在社会政治生活中重要性的提升，引发了各界对基于社交媒体公众舆情的讨论与研究。在此背景下，本章主要关注国外研究者们对于此领域的探索与研究成果。国外学者更为关注公众使用最为广泛的社交媒体平台，如脸书、推特等，而且尤为关注社交媒体公众舆情与经济和政治领域之间的关联，一方面试图揭示重大政治与社会事件中公众舆情的导向与话题的转换机制，另一方面则是从长远来说尝试基于现有研究来预测重要类似事件的发生，比如基于推特公众情绪以预测股价变动，或者公众是否走上街头进行游行抗议，等等。

然而，在抓住社交媒体发展机遇，充分了解公众舆情的同时，需时刻谨记基于社交媒体进行舆情分析在方法层面所存在的不足之处。在我国，虽然社交媒体已得到较为广泛的应用，但类似微博等平台的用户主要为城市用户，因此基于微博平台的舆情分析需认识到平台用户的代表性问题，切记以偏概全。此外，在研究方法与工具的选择上，需根据选题需要，考虑不同模型与工具的适用性问题，以选择最为适合的工具与方法。

第七章
新媒体与组织影响力传播——以美国智库为例

中国特色新型智库的建设过程中，智库的影响力是其中的重要一环，而新媒体的发展为智库影响力提升带来了新的契机。

本章围绕智库新媒体影响力的建构机制为主题，研究国内外新媒体影响力高的智库的经验和模式，为中国智库提升国内和国际影响力提供借鉴与建议。

第一节　国内外智库与媒体传播影响力研究

一、国外智库研究范式的演变

自20世纪70年代开始，西方开始了关于智库的研究，近几十年里经历了三个范式的演变：历史路径、实证主义和国际比较研究。具体而言，智库研究的早期主要为历史路径研究范式，西方学者们基于历史路径的分析方法，研究焦点为智库兴起的政治背景，代表性研究包括史密斯（Smith）、瑞西（Ricci）的美国智库研究，以及考科特（Cockett）、邓海姆和加奈特（Denham and Garnett）的英国智库研究；随着智库研究的发展及研究的深入,研究向实证主义范式转向,智库研究者开始采纳定量和定性的实证研究方法开展智库研究,代表研究者有斯通(Stone)、麦甘(McGann)、阿贝尔森(Abelson)等;第三,随着智库影响力的提升,智库研究出现新的范式,即国际比较范式,致力于智库的国际比较,但仍欠缺较为系统的理论体系和实证研究方法。

二、国外智库媒体传播影响力研究

随着媒体传播对智库影响力提升的重要性上升,国外对于智库媒体传播力及影响力的研究与日俱增。国外尤其是美国的智库,为了建立正面的公众形象,提升智库影响力,以吸引决策者及捐助者的关注,尤为重视提高自身的曝光率,因此相关学术研究也围绕智库媒体曝光度展开。国外智库媒体曝光度研究侧重大众媒体,关注点在智库如何通过提高其在报纸、电视等传统媒体渠道的曝光度来提升其政策影响力,主要研究以下三个方面。

第一,智库特征与媒体曝光度之间关系的研究,主要分析智库的性质、规模、历史悠久程度、领导者决定、地理位置、受资助的程度、政治立场、资源分配情况等如何影响其媒体曝光度;第二,媒介的特征及其对智库曝光度的影响研究,旨在分析媒介与智库之间意识形态的相似程度、地理位置的接近程度等因素与智库曝光度的影响;第三,政治环境与智库媒介曝光度关系的研究,考察除了智库特征和媒介特征之外,宏观政治环境对智库媒介曝光度的影响。

三、中国智库研究的主要思路及进展

近年来,随着智库建设重要性的提升,国内智库研究日益增多。研主要围绕四个领域展开：面向决策支持的智库角色定位、智库影响对外政策的运作机制、智库影响力的机制分析与评价，以及中国特色新型智库建设与发展。

智库研究分为两大主题：第一，智库的一般研究和总体研究，包括智库概念的界定、不同国家和类型智库的研究（如美国智库、高校智库、教育智库），以及智库的功能、地位、作用、分类、对策等研究；第二，中国特色新型智库研究，主要包括研究的理论框架、实践与总结、发展之路径。

此外，随着新媒体传播影响力的提升，越来越多学者开始关注新媒体在智库影响力提升中所起的作用，而且已经有学者应用新媒体平台大数据对智库影响力进行评价。比如，2016年清华大学公共管理学院朱绪峰课题组发布了《2016中国智库大数据报告》，通过对智库及专家言论在社交媒体中的大数据分析，推出了智库微信公众号影响力指数、智库微博专家影响力指数和智库微信引用影响力指数三个分项指标，以及智库大数据指数的评价结果，是国内智库评价机构首次通过大数据评价方法和社交大数据资源对智库活动进行的综合性评价与排名，由此可见智库影响力评价中新媒体传播的重要性日益提升。

综合国内外近年来智库影响力以及媒体传播的研究，仍存在以下三点不足之处：第一，研究媒体层面，国外智库媒体影响力研究虽然较为成熟，但基本上围绕传统大众媒体，对新媒体影响的研究尚有欠缺；第二，研究方法层面，只有少数学者开始用新媒体大数据进行智库影响力研究，其他仍以传统的研究方法为主，欠缺与大数据研究方法的结合；第三，研究主题方面，国内研究更加侧重智库评价体系的建构，忽略影响力建构的机制和过程，尤其是智库新媒体影响力的建构机制。

第二节 国外智库新媒体传播实践——以美国兰德公司和布鲁金斯学会为例

一、智库概况

（一）兰德公司

第二次世界大战之后，美国政府认识到听取独立和严谨的外交政策建议的重要性，兰德公司即在此背景下于 1948 年成立。兰德公司成立的初衷，是为了保护和促进美国在战后的安全利益，兰德公司在成立之初被称为"纯冷战机构"。兰德公司在成立后的几十年间，出版了大量研究报告，对美国政府的决策产生了不容忽视的影响，在一定意义上影响了美国甚至世界的历史进程[①]。

兰德公司成立之初定位于非营利机构，之后资助体系逐步实现了多元化，不仅有来自政府和军方的资助，同时也有美国政府外的其他组织资助，使得兰德公司不仅能影响美国政府的政策制定，同时也能致力于解决教育、经济、健康等其他重要社会问题。

截至 2015 年底，兰德公司的业务已扩展至全球，在英国的剑桥、比利时的布鲁塞尔、澳大利亚的堪培拉均设有分公司，拥有来自 53 个国家的 1875 名雇员，其中 56% 拥有博士学位，36% 至少拥有一个硕士学位，博士学位领域涉及社会科学、国际关系、行为科学、经济、商业等专业[②]。

（二）布鲁金斯学会

布鲁金斯学会是美国的学术型智库，自 2010 年起连续 6 年在权威国际智库排名报告中位列第一，被誉为"全球第一智库"。学会的前身是政

[①] The RAND Corporation: The Think Tank That Controls America. [2015-12-20]. http://mentalfloss.com/article/22120/rand-corporation-think-tank-controlsamerica.

[②] 详见 http://www.rand.org/about/glance.html。

府研究所（the Institute for Government Research，IGR），由圣·路易斯商人罗伯特·布鲁金斯（Robert Brookings）于1916年成立，是美国第一个致力于在国家层面上研究公共政策问题的私人机构。学会定位为非营利性的公共政策组织，总部位于华盛顿，其研究主旨是为地方、国家和全球所面临的问题提供解决方案。

布鲁金斯学会成立的一百年间，对美国的经济、社会、外交等政策产生了深远的影响。学会成立初期参与了美国国会预算框架的创立，第二次世界大战期间积极参与民众动员，战后为制定马歇尔计划、1974年的国会预算法案、1986年的税收改革法案以及之后的福利改革法案做出了重要贡献，"9·11"之后对美国的外交和安全政策产生了重要影响。

布鲁金斯学会定位于学术研究机构，学会的一位研究员（Kent Weaver）曾称其为"没有学生的大学"。学会坚信严谨的科学研究方法是提升政府绩效和解决社会问题的有效手段，其一百年的发展过程中也一直秉承此传统。

二、基于新媒体的智库影响力提升策略

（一）传播内容多样化

兰德公司与布鲁金斯学会充分发挥其顶级智库的研究优势，开发多样化而且质量高的内容产品，为传播影响力的提升奠定内容基础。据兰德公司2016年发布的统计数据，截至2015年度，兰德共开展了超过1750个项目，在线图书馆共积累了包括报告、音频、视频、评论和工具在内的超过15500篇的内容产品。其中兰德在2015年共有超过600项进行中的研究项目，发布了超过900份的研究报告和期刊文章，其中研究报告超过550篇，期刊文章超过400篇[①]。

---

① 详见http://www.rand.org/about/glance.html。

布鲁金斯学会为了提升学会和研究成果在政策制定者、同行和公众中的影响力，学会一贯重视其研究成果的质量与影响力。学会采取了传统的将研究成果出版为图书或者期刊的形式，如学会出版的学术期刊《布鲁金斯经济活动论文集》（BPEA），一年出版两期，每期包含5篇至6篇宏观经济政策领域的文章，引导公共政策讨论。

（二）多种媒体形式融合传播

兰德公司充分利用社会化媒体的特征及其影响力，采用多样化的新媒体平台，通过文字、音频和视频等多种表现形式，传播其研究内容、研究观点和研究成果，增加其在政策制定者、公众和同行等人员面前的呈现，进一步提升其在政策制定过程中的影响力，稳固其国际一流智库的形象和地位。除此之外，兰德公司还对其研究成果通过网络、图书、杂志和研究会等渠道进行传播，以提升其研究的社会影响力[1]。

布鲁金斯学会采取多样化形式、整合新旧媒体和线上与线下资源，提升整体传播能力。除了传统媒体方式，学会也采纳包括电子邮件、网站、社交媒体、视频平台等新媒体渠道以扩大影响范围。此外，除了上述围绕新旧媒体展开的传播活动外，学会还通过举办公共活动和参与国会听证等方式，增加与公众和相关部门的沟通机会，提升其线下影响力。

表 7-1　布鲁金斯学会 2015 年研究成果的宣传系统

宣传系统	数量
图书出版	出版了 38 本图书。
电子邮件	120000 多人邮件订阅布鲁金斯学会每日简报。
官方网站	2500 万网页浏览量。
社交媒体	165000 个 Facebook 关注者； 178000 个 Twitter 关注者。

---

[1] 详见兰德公司 2015 年年度报告，https://www.rand.org/pubs/corporate_pubs/CP1-2015.html。

续表

宣传系统	数量
视频平台	17000 个人订阅布鲁金斯学会 Youtube 频道，视频总观看时间近 1200 万分钟。
公共活动	举办了 292 场公共活动，有 20000 多人参加；其中 110 场进行了网络直播，有 59000 人观看。
国会听证	学会学者在国会委员会前做证 32 次。

数据来源：兰德公司 2015 年年度报告。

（三）传播效果显著

高质量且多样化的研究成果，加上融合媒体传播，为智库实现传播效果，提升在政府与公众中的影响力提供了保障。以兰德公司为例，多层次、立体化的传播平台和传播体系极大提升了传播力，并产生了重要的传播效果。以研究成果为例，除涉密成果外，兰德的大部分研究成果都作为公共产品，供公众免费下载。据兰德公司 2015 年年度报告统计，当年兰德的网页下载量达到了 704 万次。

而布鲁金斯学会的传播效果则由表 7-1 可以看出，无论是在传统网络传播渠道，还是较新的社交媒体平台，表中数据都表明学会的传播引发了较为广泛的参与，有效提升了影响力。以 2015 年为例，学会的网页浏览量达到 2500 万次，有 12 万多人通过邮件订阅学会的每日简报，有 59000 多人观看了学会多达 110 场的网络直播；而在社交媒体平台也是收效显著，学会的脸书账号获得 165000 人关注，推特账号有 178000 人关注，虽然 YouTube 视频频道订阅数仅有 17000 人，但视频的总观看时间达到了近 1200 万分钟。

第三节 中国智库新媒体传播影响力提升：思路与方法

智库新媒体影响力提升是一个涉及众多学科和领域的主题，包括政治学、传播学、社会学等领域。上述对于国内外智库研究脉络与演进的梳理，以及对于美国顶级智库兰德公司与布鲁金斯学会通过媒体，尤其是新媒体平台的传播以提升其影响力的实践，为研究我国智库建设与发展过程中影响力的提升提供启发与借鉴。

以下主要从五方面阐述智库新媒体影响力提升所涉及的主要内容：智库新媒体传播战略与策略；智库专家新媒体传播参与机制；智库传播内容；智库新媒体传播的平台；智库新媒体传播的效果。

一、传播机制：确定智库新媒体传播战略与策略

智库新媒体传播战略与具体策略的制定，是其影响力提升的重要环节。从智库领导者的视角出发，智库新媒体战略和策略，包括智库在新媒体传播的定位、目标、投入、渠道、运营等方面的战略与策略，最终目的在于促进其新媒体传播影响力的提升。

具体的制定层面，可以考虑结合智库自身特征与发展目标，同时借鉴国外类似智库在通过新媒体传播提升其影响力方面，设立的相关战略与策略及其实施情况。当前，随着智库自身信息公开化以及智库研究资料的积累，可通过线上和线下相结合的半结构化访谈，以及相关二手资料的收集，获取智库新媒体影响力战略负责人关于新媒体传播定位、目标、投入、渠道的选择、运营等相关信息，作为借鉴与参考。

二、传播主体：专家参与机制

智库产品与形象基于新媒体平台的传播，以及影响力的提升，离不开智库专家的参与。随着新媒体技术的快速发展，专家参与智库新媒体传播的平台与形式呈现了多元化的特征。在平台层面，既包括较为早期的新媒体平台，如博客、网络论坛等，也包括较为新兴的社会化媒体形式，如微信公众号、微博以及一些主流的视频互动分享平台。在互动形式上，既包括专家自上而下向受众传播智库内容与观点，也包括以更为平等和互动的形式与公众商讨智库观点，其最终目的都是提升智库观点在受众群体中的影响力。

其中，对于如何提升专家参与智库新媒体传播，需要进行有针对性的研究，探讨如何提升专家参与。比如，研究智库专家对参与新媒体传播的认知和态度，专家的参与意愿及其影响因素，专家的参与行为及其对智库新媒体传播产生的影响，等等。在操作层面上，首先，通过对国内外有关智库专家参与新媒体传播文献的梳理，对智库专家参与的意愿、态度以及行为等层面进行初步了解；其次，在此基础上，通过对一定数量的智库专家进行访谈，从更深层面了解专家新媒体参与的机制；最后，结合先前收集的数据，对专家参与的动机、态度、行为和影响等维度设计调查问卷，发放到智库，以获取更有代表性的数据。通过基于以上方法与程序得出鼓励专家积极参与智库产品、观点的方式和方法，以提升智库的影响力。

三、传播的受众：向上、向下与向外传播

基于智库传播的对象，可将智库新媒体传播的受众分为三大类：第一类为智库向上传播的受众，主要为政策制定者；第二类为智库向下传播的

受众，主要为更为广泛的公众；第三类为智库向外传播的受众，主要为国外同类机构与公众。总结来说，智库传播分为面向政策制定者的向上传播，面向公众的向下传播，以及面向国外机构和公众的向外传播。

智库基于新媒体传播影响力的提升，需要分析上述三类群体的新媒体使用模式，在此基础上制定出有针对性的传播策略与机制。具体来说，对向上传播中的受众（政策制定者）进行分析，分析其新媒体平台的选择和使用模式；研究向下传播中的受众（公众）新媒体平台的采纳和使用习惯；分析向外传播中目标受众（国外机构和公众）的新媒体平台采纳和使用行为和模式。此外，尤其对于新媒体平台受众的分析，鉴于新媒体平台数据的特征，可考虑多加借鉴当前计算机与大数据等领域前沿的研究方法与工具，比如基于大数据的研究方法，对受众点赞、转发、评论高的内容进行分析，分析智库新媒体平台产生影响力的内容生产机制。

四、传播内容：规律与模式

智库产品与观点基于新媒体平台的传播过程中，传播内容的选择与呈现，对于传播效果有着至关重要的影响。因此，需要借鉴当下新媒体平台内容研究与分析的前沿理论、方法与工具，加强对内容传播模式、规律与影响的研究。比如，在国外已有新闻传播领域的研究开始运用计算机科学领域的方法［如 Latent Dirichlet Allocation（LDA）分析法］进行新媒体领域的大数据分析，如 Guo 等人将此方法用于分析美国大选中 7700 万条推特信息的主题模式，并证明此方法的有效性。

对于国内智库新媒体平台内容的研究与实践，也可在借鉴与改进以上研究的基础上，做出有利于提升本国智库新媒体平台内容影响力的研究，并指导相应的实践。比如，对智库在选定时间内，基于新媒体平台传播的内容进行分析，研究智库新媒体平台传播内容的主题模式，探索其新媒体平台传播广、影响力大的主题模式，分析智库新媒体平台受关注内容的叙事方式，研究可借鉴和推广的规律性模式。

五、传播效果：建设传播影响力评价机制

智库上述四个环节的优化，最终目的是提升其传播效果，以实现其在受众中的影响力，并影响舆论和决策，因此需要建立可行、有效的传播影响力评价机制。国内外均开始关注智库评价和排名，尤其是随着新媒体影响力与日俱增，智库评价排名中对与新媒体相关的评价指标不可或缺；此外，已经出现了基于新媒体大数据的智库排名（如清华智库大数据排名），为新媒体时代影响力高的智库的选择提供可行的参考标准。

在方法层面，可将计算机领域的研究方法引入智库新媒体传播效果评价的分析，以提升数据分析的效率。同时结合定量和定性研究方法，全方面、多层次对智库新媒体传播影响力评价的机制进行研究与构建。

小结

本章在理论、学术层面，结合智库研究和新媒体研究的理论框架，探讨智库在新媒体时代下影响力的构建机制，以期为中国特色新型智库建设提供理论层面的参考。通过对新媒体影响力高的智库的研究，在借鉴国内外相关研究，以及国外智库新媒体平台传播影响力提升的基础上，分析国内智库如何通过优化新媒体平台内容、专家、平台、受众等不同要素，以构建其影响力提升的机制与路线，为有中国特色新型智库的建设服务。

第八章
新媒体与社会公正（一）：
数字鸿沟理论与研究概述

自1994年起，中国开始了与国际互联网的全功能接入。在此之后的20余年间，中国互联网发展经历了从基础初创、产业形成到发展融合的不同发展阶段，对中国社会与居民生活的方方面面均产生了前所未有的影响。一方面，互联网为个人提供了全新的获取信息、社会交往、政治参与等机会，极大地提升了社会整体运行的效率；另一方面，作为新兴技术，其本身嵌入在复杂的社会系统和社会结构之中，导致其扩散与使用过程中不可避免地产生了不均衡的问题，也就是说并非所有的社会群体均能平等享有互联网技术所带来的机遇与收益。

本章以"数字鸿沟"理论为分析框架，选取互联网接入中国的前十余年为时间节点，基于此期间中国互联网发展的状况，国际和国内对"数字鸿沟"问题的研究与讨论，以城乡二元结构中的青少年群体为对象，分析城乡青少年群体中的"数字鸿沟"问题，以期引发学界和公众对于技术所产生社会影响的更为全面的认识。

第一节 研究背景

互联网接入中国的前十余年，中国网民数量增长迅速。中国互联网络信息中心（China Internet Network Information Center，CNNIC）报告指出，截至2007年12月网民数已达到了2.1亿人，其中仅2007年一年就增加了7300万人，中国总体互联网普及率已经达到了16%。

在互联网的扩散过程中，并未打破原有的城乡二元结构，城乡互联网发展也存在着差距。CNNIC报告指出，目前74.9%的网民居住在城镇，城镇居民的普及率是27.3%，农村居民仅为7.1%。同时，在互联网的应用层面，城乡网民对互联网的使用也存在着差距，农村网民的互联网应用程度比城镇网民浅，娱乐化倾向更为明显。多数农村网民上网的主要目的是娱乐，仅将互联网当成聊天工具和娱乐工具，网络音乐和网络影视的在线收听观看率非常高。在代表信息获取方式的网络新闻、搜索引擎使用率方面，农村网民明显低于城镇网民。此外，农村网民在网上发帖回帖的比例也低于城镇网民，表明农村网民在互联网上的互动程度低于城镇网民。虽然农村互联网的普及率远低于城市，但目前农村互联网处于快速发展时期。目前农村网民数量已经达到5246万人，年增长率达到127.7%，远高于城镇38.2%的增长率，因此对农村互联网问题的研究也是个不容忽视的问题。

关于青少年学生群体的上网状况，CNNIC在2007年曾做过专题调查。截至2007年7月，中国的青少年学生网民占总体网民数的1/3，已经达到5800万人，青少年学生的互联网普及率达到26.9%。在青少年学生网民中，依然存在着明显的城乡差距。这些青少年学生网民大多居住在城镇，接近3/4的青少年学生网民集中在城市，农村仅有1/4多一点，约1600万人。

此外，在上网地点方面，农村由于家庭上网条件的不足，学生在网吧上网的比例尤其高，比城镇学生高了16个百分点。同时，对青少年学生网民来说，互联网所扮演的各种角色的应用程度排序为：娱乐工具＞沟通工具＞信息渠道＞生活助手。但是，此次调查并未指出城乡青少年学生网民在具体使用这些功能时，是否存在着明显的差别。

互联网在城乡青少年学生中的快速扩散，为研究这两个群体网民关于互联网的接入和使用提供了基础。本章后续部分将从"数字鸿沟"这个角度，在梳理现有理论与实证研究文献的基础上，结合国内外关于青少年互联网采纳与使用的研究，提出开展实证研究以分析城乡青少年学生网民在互联网的采用和使用方面是否存在着差别的建议。在互联网的采用层面，主要是探讨城乡青少年学生在互联网采用方面的差别，以及对影响互联网采用的环境的分析。在使用层面，对城乡青少年学生网民，从上网的地点、使用年限、使用频度、使用功能、使用互联网的影响等方面来进行比较，研究在此层面上是否存在差别。

第二节 数字鸿沟：内涵与分层

从宏观方面来看，传播学者诺里斯认为，数字鸿沟的概念包括三个层面。首先是全球鸿沟，指的是工业化国家和发展中国家之间在因特网接入上存在的差距。其次是社会鸿沟，其关注的是在每个国家内部信息富有者和信息贫穷者之间存在的差距。最后是民主鸿沟，强调的是人们在是否使用数字技术参与公共生活方面的差距。

有的学者从微观角度把"数字鸿沟"进行分层。阿特维尔从较为微观的角度出发，将数字鸿沟分为两个层面。他将电脑和因特网接入上存在的差距称为"第一道数字鸿沟"，将电脑和因特网使用上存在的差距称为"第二道数字鸿沟"。金文朝、金钟吉、张海东把数字鸿沟划分为三个层次。（1）信息的可接入性（即接入信息设备和信息）。信息可接入性和经济条件密切相关，只有在一定的经济条件下使用者才可能接入信息技术。（2）信息利用（即利用信息资源的能力）。信息利用是指和使用信息资料有关的所有行为，包括信息设备的操作、对软件的熟悉以及搜索信息的能力。信息利用和社会环境紧密联系，在一定的环境下使用者可以获得和处理信息，同时也能够使用信息技术创造附加值。（3）信息意识（information consciousness，即接入或欣赏信息价值的能力），经常被表达为"信息看法"（information mind）。指使用者判断信息是否有价值的能力。

一、第一道"数字鸿沟"：接入沟

有些学者从比较宏观的层面，从全球鸿沟、亚太鸿沟等国际视野对接入沟进行了研究，指出了全球及亚太国家间存在着"数字鸿沟"。也有学者从不同层面对中国的接入沟进行了广泛深入的研究，祝建华、何舟根据2000年底在香港、北京和广州2600名成年人的抽样调查结果，以创新扩散理论为框架，描述、预测及解释了互联网现在的普及现状及前景。郑素侠探讨了互联网在中国大陆扩散的区域性差异。杨琳、李明志则指出了中国地区间的"数字鸿沟"。

在微观层面，范迪克对接入的概念进行分类，提出可以分为四种：（1）由于缺少兴趣、电脑焦虑和新技术缺乏吸引力而导致的基本的数字经验的缺乏，他将其称为"精神接入"（mental access）；（2）电脑和网络连接的缺乏，他将其称为"物质接入"（material access）；（3）由于技术界面不够友好、教育和社会支持不足而导致数字技能的缺乏，他将其称为"技能接入"（skills access）；（4）使用机会的缺乏以及这些机会的不平等分布，他将其称为"使用接入"（usage access）。

虽然大部分的研究主要集中于互联网在城市的扩散，但仍然有少数学者对互联网在农村扩散的情况进行了研究。张明新对居住于湖北省十县市乡村与乡镇地区480名农民进行了问卷调查,调查发现互联网与家庭电脑在我国农村的扩散皆处于"临界数量"之前的初步扩散阶段,半年之内,家庭电脑有可能达到扩散的临界值而进入高速增长期,而互联网的采用要跨越这一门槛仍需假以时日。中国互联网络信息中心在2007年的调查显示,城镇居民中互联网的普及率已经达到了21.6%,而农村互联网的普及率却只有5.1%。

在对接入沟现状进行研究的同时,有些学者对其影响因素进行了探讨。有些从社会经济层面来探讨,大量研究证明了经济发展和数字技术接入之间的联系。美国国家电信和信息管理局(The National Telecommunications and Information Administration,NTIA)自1994年开始就一直在跟踪调查数字鸿沟的问题。虽然它近期发布的报告显示,基于收入、教育和地理位置的数字鸿沟开始在上个十年的末期急剧缩小,但建立在经济基础之上的因特网接入差距仍然在持续。国内方面,王刊良、刘庆研究发现,一个地区的因特网发展水平是和该地区的收入、教育水平显著相关的。薛伟贤和王涛峰运用回归分析的方法,对1997~2004年我国互联网用户情况与相关影响因素进行实证研究,认为经济发展水平是影响我国"数字鸿沟"的最重要因素。刘文新和张平宇研究发现,区域人口素质水平、区域信息和知识生产能力对我国互联网发展区域差异解释能力最强,对区域对外开放程度和区域城市化水平的影响也比较显著。

除经济因素外,一些个案研究显示,政府政策在改善因特网接入方面发挥着重要的作用。卡伦在国家的层面研究了美国、英国、加拿大和新西兰的数字鸿沟,发现国家政策是影响数字鸿沟的一个重要因素,拥有较大政策主动权的国家在减小数字鸿沟方面具有较大优势。韦德则从发展中国家的角度出发对这一问题进行了考察。他指出,欠发达国家在因特网接入方面存在劣势，这不仅因为收入、技能和基础设施方面的缺乏，更源于根植于国际系统的各种有利于发达国家的标准和规范。

也有学者从个体层面探讨影响互联网扩散的因素。祝建华、何舟从个体层面进行分析，揭示是否上网不仅受个人特征（年龄、教育程度、婚姻状况）、家庭特征（家中其他网民的人数）的影响，也与对互联网的看法（如"兼容性"）有关。张明新通过分析发现，农村居民对计算机和互联网普遍持正面态度，这对其电脑和网络采纳有着积极意义，但其关于新技术的知识却较少或太少，极大制约了其新技术的采纳速度。其中"态度"仅受"知识"和年龄的影响，而"知识"受到诸多行为及人口因素的影响。

二、第二道"数字鸿沟"：使用沟

讨论数字鸿沟，不能仅局限于只考虑在信息技术拥有上的差距，还需要考察不同人群在使用信息技术上的差别。事实上，"仅仅拥有是不够的"正成为越来越多研究"数字鸿沟"的学者的共识。换言之，单纯提供电脑或上网的环境，并不一定能真正消除"数字鸿沟"，因为信息在富人之间其实还存在着明显的差异。学者范迪克提出了使用鸿沟的假设，他指出，一部分人能够系统地将高级数字技术用于工作和教育，并从中受益；另一部分人则只能使用基本的数字技术和简单的应用，并主要以娱乐为目的。通过这一假设，他强调了电脑网络的多用性（multifunctionality）。正是这种多用性使得人们使用它的方式千差万别。目前，由于在中国这样的发展中国家，互联网的普及率相对比较低，中国学术界对"数字鸿沟"的研究主要集中在互联网扩散的差距上。而在国外发达国家中，互联网的普及率比较高，在互联网接入上的差距比较小，大部分学者已经转向对网民互联网使用差别的研究。

第八章 新媒体与社会公正（一）：数字鸿沟理论与研究概述

相关研究表明，上网时间上存在着差距。而且上网时间的差距也产生了一定的影响，有学者比较了因特网经常使用者和非经常使用者的特征，得出以下结论：（1）上网时间越长，人们失去的社会联系就越多；（2）上网时间越长，花在传统媒介上的时间就越短；（3）上网时间越长，在家里工作的时间就越长；（4）上网时间越长，花在有形商店里的购物时间就越短。

观察到相等的上网时间并不一定意味着人们以相同的方式使用因特网，一些学者超越时间维度的测量尺度，开始对人们使用因特网的多种方式进行研究。威兼将信息和电信技术缺乏者分为三类：（1）对技术进步免疫者，这些人或者从未听说过因特网，或者从未使用过电脑；（2）边缘接入者，这些人或者拥有公共电脑和因特网接入，或者拥有私人电脑却没有因特网接入；（3）边缘使用者，这些人使用网络服务，但并不主要当作信息和传播工具。他指出，这些群体可以通过在更大的社区参与社会和经济生活的不同能力而得到区分。传播学者诺里斯则将因特网使用者分为四个类别：（1）研究者，他们为了电子邮件和调查研究目的而使用因特网；（2）消费者，他们为了购物和获取财经资源而使用因特网；（3）表达者，他们为了表达自己的观点和看法而使用因特网；（4）娱乐者，他们为了娱乐目的而上网，玩游戏从事其他娱乐活动。金文朝、金钟吉和张海东提出，如果使用者既可以接入信息媒体也有足够的能力来使用它们，但是却不断地收集无用的信息，可以说他们也给自己造成信息剥夺。在这一语境中，对获得有价值的信息资源而言，花费在游戏和在线聊天上的时间可能无法构成有用信息服务的利用。

在使用性质和环境方面，更进一步，南加州大学传播学院的学者荣格提出了一个新的研究因特网使用的指标——因特网联系指标（Internet Connected-ness Index，ICI）。这一指标纳入了传统的时间、历史和环境尺度，并超越这些尺度，增添了上网目的、网络活动和网络在生活中的中心性等尺度。通过将数字鸿沟重新定义为因特网联系上的差距,他们认为数字鸿沟与人们在日常生活中不同的上网目的、网络活动和传播方式紧密相关。通过这一新的指标,他们试图弄清人们在获得因特网接入之后,与因特网之间关系的多维属性。运用这一新的指标,罗杰斯和荣格发现老年人和青年人之间的数字鸿沟超越了简单的接入问题。老年人在因特网使用的性质和环境上较青年人表现出很大的不同,这些差异在使用范围和强度上尤为显著。也就是说,老年人上网的目的和活动在范围上比青年人窄,使用较少的网络应用,使用网络的地理位置也较少。

王锡苓、李惠民、段京肃以西北农村的"黄羊川模式"为个案,进行了实证调查,调查互联网促进农村社会发展的应用模式。黄羊川模式的理念是,中西部的开发,只要引进互联网技术,用它将黄羊川的传统农业社会与国际信息网络对接,就可以跨越工业社会,直接进入以知识和信息为特征的信息社会。这种模式为农村提供了互联网基础设施和培训,为农村的信息化培育了人才,不过在互联网的具体使用上,过于注重对内容的监管,而忽视了对互联网双向沟通特性的使用。研究最后指出,在欠发达地区社会发展中,网络技术应该与当地社会经济水平、文化环境相适应,才能真正促进社会发展。

关于第二道"数字鸿沟"的影响因素,有些学者认为和社会分层相关。有的学者认为和社会经济地位等因素相关。

第三节 "数字鸿沟"视野下的青少年网络使用

青少年作为时代弄潮儿,也是网络技术的早期重要使用群体之一。中国互联网络信息中心(CNNIC)调查显示,中国的青少年学生网民达到

5800万人，占网民比例的1/3（35.8%），占青少年网民的70%。与此同时，虽然青少年学生在网民中占了相当大一部分，但大多数的研究集中在对成年人上网情况的研究，或者把青少年学生和成年人归到一个群体中进行研究。这些做法忽视了青少年学生这个群体的独特性，因此需要针对这个群体做独立的研究。

在国外，已经有一些学者开始对青少年的数字鸿沟问题进行研究。在国内，虽然中国互联网络信息中心和中国社会科学院新闻与传播研究所也做过相关的调查研究，但是专门把青少年作为一个群体，探讨他们在互联网的接入和使用方面的研究并不多。

在互联网的采用方面，对发达国家来说，随着互联网的迅速普及，青少年学生互联网接入方面的差距已经很小。但是，仍有一部分青少年未采用互联网。在英国的调查中，关于不采用互联网的原因，最重要的是有限的互联网接入条件，其次是缺少兴趣，然后分别是对安全的顾虑，父母的管制和缺少相关技能。但对像中国这样的发展中国家来说，青少年学生在互联网接入方面仍然存在着很大的差距。中国互联网络信息中心（CNNIC）在全国普查中，也简单做过关于青少年学生上网的专题，其中提到了城乡青少年学生在互联网的采用上存在的差异。调查显示，接近3/4的青少年学生网民集中在城市，农村仅有1/4多一点，可见城市青少年学生互联网的采用比例远远高于农村青少年学生。

中国社会科学院新闻与传播研究所做过北京、上海、广州、成都、长沙、西宁、呼和浩特七城市中青少年互联网采用、使用与其影响的调查报告，调查七城市中青少年对互联网的使用情况，其中不同发达程度的城市青少年学生互联网的采用上也存在着差异。研究表明，与是否采用互联网相关的因素包括：家庭电脑拥有率、父母文化程度、家庭收入、家庭互联网采用环境和支持环境、在学校的互联网使用、周围上网同学的比例、性别、年级。其中，关于不采用互联网的原因中，"家里没有电脑"的比例最高，其次是"学习紧张，没时间上网"，排在第三位的是"家长不让我上网"。对各项原因进行因子分析后发现，青少年不采用互联网的原因可以分为四类：青少年对互联网的负面感受或看法；互联网对个人的适用性，包括兴趣、实际用途、技术难度、时间紧张等；采用互联网的客观条件，包括是否有上网地点、能否去网吧上网以及是否得到家长的允许等；采用互联网的硬件设施，包括家里是否有电脑以及家庭电脑是否能联网。

相同的互联网接入并不代表相同的使用。无论国外还是国内的研究都表明，青少年在互联网的使用方面也存在着差距。利文斯敦等的研究表明，不同年龄、性别和社会经济地位的青少年在互联网使用质量上存在着差距。年龄大些的中产阶级男孩比年龄小的工人阶级女孩，对互联网使用质量更高些。在中国，中国社会科学院新闻与传播研究所的调查中，不同发展程度的城市青少年学生在互联网功能的使用上同样存在着差距。北京青少年用户得分最高的功能是"浏览互联网内容""下载互联网内容"和"使用搜索引擎查找信息"；上海青少年得分最高的功能是"玩游戏"和"浏览互联网内容"；广州青少年得分最高的功能是"浏览互联网内容""下载互联网内容""玩游戏"和"使用搜索引擎查找信息"；成都青少年得分最高的是"玩游戏"和"浏览互联网内容"；长沙青少年得分最高的功能是"玩游戏"和"浏览互联网内容"；西宁青少年得分最高的功能是"玩游戏"和"使用聊天室"；呼和浩特青少年得分最高的功能是"玩游戏""浏览互联网内容"和"使用聊天室"。由此可见，越是不发达城市，玩游戏的排名越靠前，对互联网的使用更加娱乐化。同时，中国互联网络信息中心（CNNIC）调查显示，城乡青少年学生在上网地点方面也存在着差异，农村由于家庭上网条件不足，学生在网吧上网的比例远远高于城镇学生，农村中小学生在网吧上网的比例已经达到了六成。

结语

在中国互联网开始扩展的前十几年间,关于"数字鸿沟"研究的文献很丰富,由于研究者视野及本文篇幅所限,以上部分只能做一个大致的梳理。通过对相关文献的回顾可以看出,首先,国内目前研究的重点还是执着于在互联网采用方面的差别,而国外随着互联网的普及,已经从对接入沟的研究转向对使用沟的研究。其次,尽管对"数字鸿沟"的研究非常多,而且青少年学生又是信息社会中的重要角色,但专门对青少年学生在互联网接入和使用方面的不平等的问题研究不多。最后,国内对青少年与互联网的研究,比如中国社会科学院新闻与传播所的调查,调查对象仅是大城市的青少年。而大城市毕竟在中国没有太大代表性,那些占中国大部分的中小城市及农村地区则能代表互联网采用和使用的基本状况。而且这类调查范围虽然很广,但缺少一定深度。因此,本研究选定遵化这个典型的北方县级市,希望能探讨当地城乡青少年学生的"数字鸿沟"问题。

要认识青少年学生间的"数字鸿沟",还有赖于对这个问题在纵向和横向进行更深入和更广泛的研究。从纵向来看,由于研究方法的限制,调查研究得出的是比较宽泛的结论,缺少更深入的探讨。因此建议后续的研究可以适当采用定性研究方法,集中在几个关键要素上,对青少年学生互联网的采用和使用进行更深入的挖掘。从横向来看,"数字鸿沟"是个更广泛的课题,不仅需要研究城乡青少年学生间的"数字鸿沟",同时还需要关注不同发展程度的城市间青少年学生的"数字鸿沟",不同发展程度农村间青少年学生的"数字鸿沟",同一个城市不同社会经济地位的青少年学生间的"数字鸿沟",以及同一个地区不同社会地位的农村青少年学生间的"数字鸿沟",更进一步来说,也需要关注我国青少年学生和发达国家青少年学生间的"数字鸿沟"。

第九章
新媒体与社会公正（二）：基于城乡青少年"数字鸿沟"问题的实证研究

在上一章对"数字鸿沟"理论的内涵、形式以及国内外现有研究做出系统性梳理的基础上，本章聚焦于以"数字鸿沟"问题为切入点开展的实证研究。在2008年，互联网总体普及率虽不到20%，但正逐步向各层次的居民扩散。学界开始对"数字鸿沟"问题进行关注，但关注点多集中在网络的扩散层面，即互联网在不同区域和人群中的普及率的差异，以及造成这些差异的原因；然而，在使用层面上对上网人群的差异则关注得比较少。

鉴于此，笔者对互联网普及度比较高的青少年群体做了定量研究，探讨城乡青少年网民网络使用是否存在差异。研究证实，总体来说城乡青少年在互联网使用方面确实存在"数字鸿沟"，但在利用网络交友的数量上的差异则比较小，即城乡青少年都通过互联网交到了数量比较多的朋友。

由此引发了笔者的进一步思考，城乡和农村青少年网络上认识的朋友，是否跨越了城乡地域界限？换句话说，在相对匿名的网络空间里，城乡青少年能否突破现实生活中的城乡界限，在网络上互相成为好友？如果网络真的能把城乡青少年联结到一起，拓展了社会关系网络，进而在互动中实现城乡青少年间的资源共享,那么城乡资源配置的不平等有可能被打破,而城乡不平等的社会结构则有可能改变。

因此,本章通过采用定性为主的研究方法,以实现相关理论上与实践层面的研究目标。在理论层面,以社会资本理论为框架,将以往对现实生活中社会资本的研究拓展到网络空间之中,研究在网络空间中社会资本的积累过程和机制;在实践层面,通过对城乡青少年以社会化媒体为平台所维护和建立的社交网络以及积累的社会资源的比较,探讨社会化媒体在我国城乡二元结构中所起的作用,探索如何发挥新媒体作用来改善社会不平等。

第一节　研究的理论框架

一、布迪厄的社会资本理论及其在中国的适用性

法国社会学家布迪厄对社会资本的定义为"实际的或潜在的资源的集合,这些资源是与对一个相互熟识和认可的、具有制度化关系的持久网络的拥有——换言之,一个群体的成员身份——联系在一起"。简单来说,个人通过建立和维护具有制度化资源的关系网络,来获取资源和支持,以维护和提升个人的社会地位。但对于来自不同社会阶层的个体,由于其社会地位和社会化经历的不同,更容易导致其互动和建立社会关系的对象的差异,从而形成其可获得的社会资源(即社会资本)的不平等,进而导致社会不平等的再生产。

布迪厄的理论在中国日益受到关注,越来越多的学者将其理论应用到

中国的研究之中。但关于布迪厄的理论在其他国家的适用性问题，学界一直存在争议。有学者表示，布迪厄理论是基于等级森严和固化的法国社会，因而质疑布迪厄理论在其他国家的适用性。虽然学界关于理论适用性问题存在一定顾虑，但布迪厄的理论框架，本质上是能够应用到中国的城乡不平等问题研究之中的，主要原因如下。

第一，虽然布迪厄的理论基于稳定的等级分明的法国社会，但布迪厄的研究一直致力于寻找特定和普遍解释之间的关系，而其晚年的研究尤其集中于其概念和理论的适用性问题。

第二，布迪厄的理论适用于解释存在不平等结构的社会中，社会关系网络以及其中所嵌入的资源，如何强化社会原有的不平等结构。同样，中国的社会也存在着不均衡发展的现象，最明显的表现即是城乡的不均衡发展。

第三，目前已有一些学者开始运用布迪厄的理论框架在中国进行实证研究。这些研究已经证实了应用布迪厄理论框架对中国问题进行分析的适用性。然而，上述研究主要关注城市区域的不均衡，而非城乡不均衡发展问题。为了弥补这一不足，本章致力于在社会资本框架下分析城乡的不均衡，以及新媒体技术的普及对此问题的影响。

二、布迪厄社会资本框架下的城乡不均衡及原因

在比较城乡社会资本的均衡程度之前，需要对研究中的"社会资本"进行界定。鉴于布迪厄对社会资本的定义中强调制度化社会资源的重要性，以及中国社会中制度化的社会资源更多被城市居民拥有，本章将社会资本定义为与城市居民建立的社会关系网络以及从中获得的资源。由此可以推断出，城市居民因其社会关系中包含的城市居民较多，其社交网络中嵌入

的制度化资源较多，因此一般来说其所拥有的社会资本要高于农村居民。

而造成城乡社会资本不均衡现状的原因，主要包括以下几个方面。

第一，重要的因素之一是户口制度。户口制度的建立，人为地造成城乡地域上的区隔，使得农村和城市居民日常互动的对象和社会关系网络的建立，都围绕本区域进行。虽然随着户口制度的改革，部分农村居民走出农村，成为"农民工"，有机会到城市工作和生活，但在城市中社会关系网络的建立，仍然以"农民工"为主，一些对进城务工人员社会关系网络的研究也证实了这一点。

第二，城乡经济发展的差距一定程度上造成了城乡社会资本的不平等。在中国文化中，社会关系的建立和维护需要互惠和互利，更多时候涉及礼物等物质资源的交换。而城乡居民收入的差距使得农村居民难以从经济层面负担，与拥有制度化资源的城市居民建立社会关系所需的物质资源，由此提高了农村居民获取社会资本的难度。

第三，消费主义在中国的盛行也加剧了城乡社会资本的不均衡。随着中国日益进入消费社会，消费不仅在个人身份构建中起到了重要作用，同时也被用来与他人进行区隔。也就是说，去哪儿消费和消费什么，不仅用来展示"我"是谁，还用来显示"我"和"他人"的不同。城乡居民同样被卷入此种消费社会的情境，但城乡经济收入的不同导致城乡和农村居民消费能力和"审美"能力的不同，进而从社会和文化层面加深了城乡居民之间的差距。

第四，城乡在建立和维护社会关系网络规则方面的差异也是形成城乡社会资本不均衡的重要原因之一。一些学者讨论过城乡居民在社会关系的建立和维护过程中相关规则和实践的差异。如城市居民对待社会关系更加实用，而农村居民则少一些实用多一些人情。此种区别导致城市居民更容易与拥有制度化资源的人（主要来自城市）建立关系网络，而农村居民由于建立和维护关系的规则的不同，在积累社会资本方面则处于劣势。

第五，长久以来的城乡关系模式，如城市居民对农村与农村居民（包括进城务工人员）的偏见和歧视，一定程度上阻碍了农村居民社会资本的积累。农村和农民在很长一段时期内，都被建构为贫穷和落后。近期，在"素质"的话语下，农村和农村居民又进一步被建构成素质低下的地区和人群。在此语境下，即使进城务工的农村居民增加了和城市居民互动的机会，他们面临的往往是城市居民对他们的歧视和排斥，而城乡居民间社会关系网络的建立以及农村居民社会资本的积累则困难重重。

综上所述，包括户口制度、城乡收入的不平等、消费社会、城乡建立和维护社会关系网络的差异，以及城乡关系模式一起造成了城乡社会资本不均衡的现状。接下来要分析的是互联网在改善此种不平等方面的潜力。

三、新媒体对于改善城乡社会资本不均衡的作用

互联网的技术特征及其在城市和农村区域的扩散，一定程度上提供了改善城乡社会资本不均衡的机会，主要表现在以下几个方面。

首先，城市和农村青少年相对高的互联网普及率，为城乡青少年跨越地域区隔建立社会关系提供了机会。随着互联网的普及，城乡青少年在互联网接入方面的差距日益缩小。各种网络互动与社交平台使得用户能超越现实生活中地域的限制，与自己生活区域之外的人进行互动和建立社会关系。而网上互动和面对面互动相比具有更高程度的匿名性，即互动双方不一定了解对方是来自城市还是农村，以及其他个人社会背景相关因素，因此网上互动和社会关系的建立过程相对比较平等。理想情况下，城市和农村青少年网上联结到一起的机会大大增加，从而有利于城乡社会资本不平等的改善。

其次，和线下社会资本的积累相比，线上社会资本的积累降低了对经济资本的要求。不同于现实生活中建立和维护关系网络需要交换物质资源，网上建立关系所需的主要是上网设备接入互联网。随着上网成本的降低，城乡青少年在接入和使用互联网方面的差距逐渐缩小。而由于网上互动涉及物质资源交换远少于现实生活中互动，因此城乡青少年在网上互动和建立关系的难度得以降低。

最后，中国社会结构的一些特殊性，也使得互联网在改善城乡社会不均衡方面的潜力有得以发挥的可能。和西方成熟和稳定的资本主义社会不同，处于转型期的中国社会虽然也存在社会分层，但阶层固化程度远低于西方。如农村也存在很大一部分因受益于改革开放而具有比较高经济资本的人群，一些发达区域的农村居民收入甚至高于有些城市居民的收入。经济资本的积累为农村居民获取社会资本提供了物质基础，增加了农村居民在和拥有制度化资源的城市居民互动过程中的自信，也提升了农村居民积累社会资本的意愿，从而进一步缩小他们和城市居民在社会资本方面的差异。

综上所述，互联网在改善城乡社会资本不平等方面有很大潜力，因此研究来自城市和农村居民（尤其是作为互联网使用主体的青少年）互联网的使用及社会资本的积累则至关重要。但国内外关于此视角的研究比较少，本研究则志在弥补这一不足。

四、青少年、社会化媒体与社交网络

随着社会化媒体在全球尤其是在青少年群体中的普及，国内外对青少年社会化媒体的使用及对其社交网络的影响都有一定研究。国外研究主要集中在青少年如何在社会化媒体平台上维护既有社交网络以及拓展新的社交网络，但对不同社会群体青少年社会化媒体使用差异的比较研究较少。虽然一些学者关注不同社会阶层、种族的青少年社会化媒体的选择和使用的差异，探讨社会和文化背景如何建构个体的社会化媒体选择，这些研究的局限性在于仅关注西方青少年群体。另有一些西方学者虽然关注并研究中国互联网，但也由于其对政治和商业视角的偏重和对社会视角的忽略而受到批判。

国内关于青少年与社会化媒体的相关研究也很多，但学界似乎更关注社会化媒体在青少年网络政治和社会参与方面所起的作用，对社会化媒体对青少年社交网络的影响的研究比较少；而且研究大多关注大城市网民，对农村关注不足，对城乡青少年使用的差异关注则更少；无论国内还是国外的相关实证研究都倾向定量研究方法，定性研究方法以及定量和定性结合的研究方法比较少。

第二节　研究设计

本研究设计为案例研究。选取了河北省遵化市的青少年作为研究对象。遵化市位于河北省东北部燕山南麓，北倚长城，西顾京城，南邻津唐，东通辽沈。1992年遵化撤县建市，是唐山市第一个县级市。2006年，遵化市成功申报中国"千年古县"，被联合国地名专家组中国分部评定为中国100个"千年古县"之一。2006年，首次进入全国社会经济综合发展指数百强县（市），名列第75位；在全国县域经济基本竞争力百强县（市）评比中名列第48位；在全国中小城市综合实力百强评比中名列第64位。遵化市辖25个乡镇、2个街道、648个行政村、27个居委。总人口70.2万，其中农业人口59.6万。现有各级各类学校286所，其中，教师进修学校、职教中心、电大、体校、特教学校、农广校各1所，高中10所，初中32所，小学157所，幼儿园81所。在校学生113729人，其中高中生1.9万人，职业技术学校学生0.6万人，初中生2.4万人，小学生4.5万人，入园幼儿1.9万人。教职工7796人。

研究样本选择是基于之前对遵化城乡青少年"数字鸿沟"的定量研究。定量研究中采用多级整群抽样方法，先依据各乡镇人均国内生产总值进行排名，按高、中、低分成三组，从三个组中分别选出一个乡镇。其次，在这三个镇中，每个镇各抽取一所初中学校和一所高中学校。再次，在选定的中学里随机抽取要调查的班级。最后，在选定的班级里随机抽取学生填写问卷。一共发放问卷477份，有效问卷有426份，问卷有效率为89%。其中市区学生160份，农村学生266份，与遵化地区市区学生人数少于农村学生人数的状况相符合。

定性研究的对象来自以上参与定量研究的人员。其中女性15名，男性21名。14名来自城市区域，12名来自农村，10名属于农村户口但自中小学开始即有城市学习经历。主要采用定性研究方法，包括半结构化面对面访谈、在线访谈、线上线下观察等方法。

第三节 研究的主要发现

一、城乡青少年网上交友的选择倾向

受到中国传统关系文化的影响，城乡青少年对网上交友都有一定的实用性考虑。很多研究已经阐明在中国文化和社会中关系的重要性，而这些对青少年网上交友的倾向产生了影响。研究数据表明，无论农村还是城乡

青少年都倾向于与社会地位高、拥有资源多的人建立社会关系。

城乡青少年虽然拥有共同的交友倾向，但这种倾向不但没把他们联结到一起，反而成为城乡青少年网上继续保持区隔的重要原因之一。其中，主要根源在于来自城市与农村的青少年，其对于"社会地位高"的界定有所不同。大部分城市青少年，在他们的定义框架中，城市中社会地位比自己高，以及拥有比自己资源多的人，属于社会地位高群体，他们对与来自此群体的成员建立朋友关系比较感兴趣；而农村青少年和其他农村居民基本上被归于低社会地位的群体，他们并无与此群体建立朋友关系的意愿和兴趣。对于农村青少年，他们定义中的社会地位高群体，既包括被城市青少年认定为地位高的群体，也包括其他城市居民，以及农村中比自己社会地位高的群体。

看似农村青少年网上交友选择面比城市青少年更广，但其选择的群体社会地位总体偏低，为网上城乡社会资本积累的不平等埋下了伏笔。下面将具体介绍城乡青少年在网上都与哪些人建立了朋友关系，他们的关系网络中拥有的资源有何不同。

二、城乡青少年网络空间社会资本积累的不均衡

在比较城乡青少年网络空间社会资本积累之前，需要再回顾上文提到的对"社会资本"的定义，因为对社会资本的比较是基于此定义而进行。本研究中社会资本定义为与城市居民建立的社会关系网络及从中获得的资源，其中城市居民包括城市中教育表现比较好的学生、非学生青少年（包括辍学生）和城市成年居民。这些群体，总体来说在中国城乡各类资源分布极度不均衡的社会结构下，其社会关系网络中可获得的制度性资源，相对于农村居民具有很大优势。

新媒体与社会公正（二）：基于城乡青少年"数字鸿沟"问题的实证研究

数据分析结果显示，城市青少年网上积累的社会资本比农村青少年的要多。城市青少年在网上建立的社会关系网络更倾向于包含那些同样来自城市的拥有一定资源的城市同龄人。那些学习进取心强、学习表现好的城市青少年，在网上认识而且发展成比较亲密关系的朋友，往往也是学习表现比较好的青少年。

比如，有些来自城市并且在读大学的被访者谈到，他们在中学时比较熟识的网友，目前基本也在读大学。以韩强（化名）为例，他来自遵化市区，目前在一所大学就读。他提到有个关系非常密切的网友，是初中时在网上认识的，他们因为相似的爱好聊到了一起。韩强擅长作词，他的网友擅长作曲。他们自初中到大学，一直保持密切联系，而且韩强曾应网友邀请一起去网友所在城市观看过演唱会，这是他们第一次线下见面。

而农村青少年在网上积累社会资本的经历则没那么"幸运"。一部分农村女性学生由于其学生身份的优势，加之青春期的异性相吸，相对容易和部分城市男性青少年找到共同话题，进而建立朋友关系。而农村男性青少年则报告说，城市女生过于傲慢，对和他们网上交友不感兴趣，因此他们的网友更倾向于同样来自农村区域的青少年。

比如，来自农村的被访人张乐（化名）初中毕业后未继续学业，选择步入社会工作。用他的话说，他身边认识的农村青少年网上交的朋友基本可以用"物以类聚，人以群分"来形容。他还举了个同村年轻人的例子。此人男，被张乐称为"无业游民"，在网上交到了一个来自邻县的女网友，亦无业。两人网上交往一段时期后确定了男女朋友关系，女网友随即来到男方家里小住一段时期过春节。张乐对此女网友的形容是"不像什么好人"。

以上两例，仅是被访者举出的众多例子中的两个，因为篇幅限制，不太可能把所有例子一一列出，但以此两例为代表展现了城乡青少年在网上建立的社会关系网络及其拥有的资源的差异。从一定程度上说，网络空间并未超越现实空间城乡社会资本的不均衡，反而反映并强化了这一不均衡状况。

三、第三类群体带来的曙光

在遵化青少年中还存在另一独特群体。他们来自相对富裕的农村家庭，在当地重视教育的氛围下，从小被父母送到城市重点学校读书，他们游走于农村和城市之间，社会化过程中加入了城市的元素，虽然总体资源不如城市青少年优越，但较之农村同龄人则优越得多。

他们在网上社会资本的积累更和城市青少年类似。以下是潘征（化名）的举例。

就是我在初中那时候，谈了个网友，她是贵州的。一个女的，比我大。比我大两岁吧。她现在应该上高三。比我高一届。我初中那时候，我当时成绩也算比较好，但是也有不会的问题，我懒得向老师请教，因为老师毕竟跟咱关系不算融洽，有隔阂。然后我就喜欢跟网友说，然后她比我大一年级，她也在贵州的重点高中。在一所重点高中，她是住校的，半年回家一趟，然后她啥事都跟我说，就是我不会的问题，我就习惯问她。有时候我就把题打出来，费挺长时间她也等着。给我讲讲。

和潘征类似，大部分来自此群体的被访者，均有网上获取社会资本的经历。然而，此类群体虽然来自农村，但大多属于农村精英家庭，而且从小即开始在城市学习，接受城市文化与生活方式的熏陶，为其在网络空间与拥有资源的城市青少年互动，以及进一步建立社交网络，实现信息、理念甚至资源的交换，奠定了坚实的基础。

第四节 结论和建议

本研究在布迪厄的社会资本理论框架下探讨互联网在城乡青少年社会资本不均衡方面所起的作用。研究发现，虽然互联网的技术特征提供了改善城乡社会不均衡发展的可能，但城乡青少年互联网的使用并未改变社会现实。即在网络空间里，最终还是表现出优越的城市青少年之间建立关系，弱势的农村青少年之间联结到一起。虽然有一小部分游走于城市和农村之间的青少年在网上比普通农村青少年积累了更多的社会资本，但由于此群体在青少年整体中所占比例比较低，并未对整体局面做出根本性扭转。

需要说明的是，本章的研究作为一个比较系统的研究互联网与城乡不均衡项目的一部分，文中仅简要描述了网上社会资本积累不平等的现状。在项目的其他部分，同样探讨了城乡青少年网上交友平台的选择、交友的机制以及从文化资本的角度解释了在相对匿名的网络空间里社会资本如何实现了再生产等方面的内容。由于本章篇幅限制，在此不一一展开讨论。但总体结论是，互联网的技术特性虽然提供了一些改变社会现实的潜力，但由于其是嵌入在整体社会结构中，人们如何使用互联网受制于现有社会结构，使用行为反映了社会结构，而且所形成的社会影响继续强化着现有的社会结构。因此，涉及城乡不均衡的话题，与其寄希望于某项新技术能改变社会，不如切实投入对现有不均衡的社会结构的清醒认识以及如何从根源上改变这种不平等。

本研究中还存在一些不足，主要集中在案例研究的局限性。作为个人独立研究，资源有限，因此仅选取了一个县级市作为个案，试图探索互联网与社会结构之间的关系。本研究所得结论一定程度上能说明遵化的城乡青少年互联网使用与城乡不平等之间的关系，但由于样本局限性，不一定能推广到全国。因此需要后续在其他区域做相关研究，或者在此探索性研究的基础上，如能继续进行定量研究，保证样本的代表性，则能得出全国范围内的一些研究结论。

总结与展望

随着新媒体技术日益融入日常生活的方方面面，无论对于个体、组织还是整个社会都产生了超乎我们想象的影响。本书以新媒体的使用所带来的影响为切入点，尤为关注其在社会发展中所起的作用。本书既包括理论层面的探讨，也包括通过实证的研究方法，以探索新媒体对于社会发展所起之正面与负面之影响及其作用的形式与机制。

在理论层面，鉴于社会资本理论在现有社会学与传播学研究中的影响力，以及日益增加的国内外基于此主题的研究成果，因此被用来作为本书相关实证研究或者分析性阐述的理论框架。其中，较早提出社会资本理论并对此领域研究影响最大的三位学者布迪厄、普特南和科尔曼，对社会资本理论做出了不同的界定和测量。布迪厄更关注社会关系网络中所嵌入的资源及其对个体社会地位和社会结构的影响，普特南和科尔曼更关注社会关系网络中所反映的结构性特征，如信任、互惠、参与等。虽然不同学者的社会资本理论存在上述不同，但其研究也有相通之处，即研究中都着眼于社会交往与社会关系网络，强调其对个人、群体以及国家的发展的重要性。随着社会资本在学术和政策领域的影响力之扩大，传播学研究领域以及新媒体传播的研究中都引入了社会资本的概念，其中被广泛采纳的是普特南的理论，其次为科尔曼，受关注度最低的是布迪厄的理论。

公共参与一直是社会资本研究中最受关注的点之一，在新媒体领域的研究中也不例外。随着宏观环境的转变，如经济、政治和社会各层面的变化和新媒体的发展，学界对于公共参与的界定和测量也进行着争论，一种

第九章 新媒体与社会公正（二）：基于城乡青少年"数字鸿沟"问题的实证研究

论调基于传统衡量参与程度的指标，认为青少年政治和社会参与程度日益降低；而另一些学者开始质疑传统衡量参与的指标对于当今社会的适用性，即青少年减少了传统定义的政治和社会参与，并不代表其参与度降低，而是因为他们的参与方式发生了转变。因此，学者对青少年参与的研究思路需要进行转换，包括对青少年参与衡量指标的重新界定；政府针对青少年参与采取的应对措施也需要相应地进行转换，以适应宏观环境的发展变化和青少年自身发展的需求。

随着网络深入青少年生活的各方面，青少年成长和发展的模式正在发生改变。其中社会化媒体的发展及在青少年群体中的广泛普及，引发了包括网络欺凌在内的一系列对青少年发展形成负面影响的行为。从技术的社会建构视角来看，青少年网络欺凌不仅关注网络的技术特征所提供的可能性，也关注青少年所处于社会、学校、家庭等环境及青少年自身发展的特征如何影响其网络使用行为以及网上欺凌经历，从而能更完整全面地从青少年视角出发，描述和解读青少年网络欺凌行为。此外，新媒体也提供了获取更多社会支持和增加社会资本的机会，比如，通过新媒体尤其是社交媒体的使用，维持与包括家人与朋友等熟人群体的社会交往，拓展社会关系网络，获取多种来源和形式的实质性和精神支持。

新媒体与社会资本除了对个人和社会发展产生正面影响外，也存在一些负面功能，如对社会结构的再生产所起的作用。第四章的研究在布迪厄的社会资本理论框架下探讨互联网在城乡青少年社会资本不平等方面所起的作用。研究发现，虽然互联网的技术特征提供了改善城乡社会不平等的可能，但城乡青少年互联网的使用并未改变社会现实。即在网络空间里，最终还是倾向于优越的城市青少年之间建立关系，弱势的农村青少年之间联结到一起。虽然有一小部分游走于城市和农村之间的青少年在网上比普通农村青少年积累了更多的社会资本，但由于此群体在青少年整体中所占比例比较低，并未对整体局面做出根本性扭转。

随着我国进入转型社会，人际交往以及信任出现新特征，并对公共参与和团体协作形成影响。第五章的研究以志愿参与文化遗产保护的群体为例，在普特南的社会资本理论框架下，以案例研究的方法，分析公众参与文化遗产保护行为。研究发现，案例中的公众参与皆体现了普特南定义的社会资本的特征，即公众组织和参与志愿团体，在行动过程中体现出协作和互惠，以及表现的对政府机构和权威的信任。而公众的参与行为，最终对当地居民收入的增加、当地经济的增长、政治绩效的提升以及文化遗产的保护和传承，都起到了不容忽视的作用。

本研究从不同维度对新媒体与社会发展所带来的影响做出了初步研究，对传播学研究领域和社会发展的问题均有重要意义。在传播学研究方面，以社会资本理论为框架，研究不同个体的新媒体使用对个体和社会所产生的正面以及负面的影响，为新媒体相关领域的决策提供了一定借鉴。本研究也存在一定的不足和局限性，主要表现在所关注的群体更倾向于青少年，欠缺对中老年群体基于新媒体的交往、社交网络的特征和其中所嵌入的资源对其个体发展和社会整体发展的影响的研究。此外，本研究主要以质化方法为主，虽然一定程度上有利于对相关现象进行更为深入的理解，但尚需通过量化研究对相关观点进行验证。今后的进一步研究将考虑到上述提到的不足之处，进行相应的改进，关注更为多元的群体的新媒体使用情况，采纳更为多元的研究方法以期得到更为接近事实的研究结果和更为精准的决策支持。

新媒体技术的飞速发展与普及，为广大公众提供了自我表达与互动交往的机会，也为基于社交媒体文本的舆情研究提供了前所未有的机遇。尤其是计算机等领域技术与工具的发展，为基于社交媒体文本大数据的分析与研究提供了技术保障。由此，传播学、计算机、经济学等领域，开始抓住机遇，研究能否基于社交媒体所呈现的公众情感去预测股票指数的波动，如何基于推特等社交媒体内容预测线下抗议活动与政治大选结果，以及监测公众对于争议性科学议题的讨论主题与情感呈现等内容，其中很多研究证实了其可行性。此领域的研究，无疑有其重要的价值和意义，但我们同时需要保持足够的警惕。因为技术并非客观独立的存在，其在为嵌入在复杂社会系统中的人所使用的过程，必然受到人的偏见和社会结构的影响。

除了个体之外，新媒体技术社会的发展，也为社会中的组织机构发展提供了便利。尤其是类似智库的群体，其自身发展以及在国内甚至国际影响力的提升，离不开对其智库观点与产品的宣传，引起公众舆论和决策群体的关注，最终影响决策过程或者结果。国外有影响力的智库，从传统媒体时代，一直有重视其媒体形象的传统，而面临新媒体的发展及机遇，充分开展融媒体建设，建立系统性、立体化的传播体系，以提升其观点在国内和国际的影响力，进而影响本国甚至国际上其他国家的决策。

新媒体技术对个体发展如何发挥作用，不容忽视的一个环节是，个体是否使用以及如何使用新媒体技术。在此层面上，新技术在扩散初期，极易出现"数字鸿沟"问题，不同社会群体对新技术的采纳程度和使用程度的差异，分别构成了第一道和第二道数字鸿沟。在互联网技术普及的初期出现的问题，如果不加重视和反思，极可能忽视其他新的技术，比如大数据、人工智能等在社会的扩散过程中，产生新的公正问题，并加剧社会的分裂。以大数据技术为例，随着大数据时代的来临，大数据日益被应用到商业和政府决策之中。大数据在提升经济效率、改善政府治理、提升教育和医疗水平等方面，起到不容忽视的积极作用。然而，即使在大数据成为全球性热点议题的时代，仍有一部分群体的行为并未被纳入大数据的范畴之内，他们的需求被商业和政府机构决策所忽视，导致其被排斥在各种经济、政治和社会机构之外，以至强化了现有的社会不平等。

参 考 文 献

[1] 北京市信息化工作办公室组织. 北京市数字鸿沟研究报告, 北京: 中国发展出版社, 2005.

[2] 常春梅, 王化军. 政治参与视角下网络意见领袖成因探析——基于对"腾讯新闻论坛"五个热门话题讨论帖的分析. 青年探索, 2013.

[3] 陈钢. 网络欺凌: 青少年网民的新困境. 青少年犯罪问题, 2011.

[4] 陈因, 谢存. 亚太地区数字鸿沟现状及对策. 选自《关注中国数字鸿沟》, 北京: 科学出版社, 2001.

[5] 邓志强. 青年的阶层固化: "二代们"的社会流动. 中国青年研究, 2013.

[6] 董金秋, 邓希泉. 发达国家应对青少年网络欺凌的对策及其借鉴. 中国青年研究, 2010.

[7] 郭祺佳. 高校青年网络政治参与研究. 中外企业家, 2011.

[8] 侯玲. 消费视野下新生代农民工阶层固化的表现及危机. 中国青年研究, 2013.

[9] 胡鞍钢. 建设中国特色新型智库: 实践与总结. 上海行政学院学报, 2014.

[10] 胡鞍钢, 周绍杰. "新的全球贫富差距: 日益扩大的'数字鸿沟'". 中国

社会科学, 2002.

[11] 金文朝, 金钟吉, 张海东. 数字鸿沟的批判性再检讨. 学习与探索, 2005.

[12] 柯惠新, 王锡苓. 亚太五国/地区数字鸿沟及其影响因素分析. 现代传播, 2005.

[13] 李国强. 对"加强中国特色新型智库建设"的认识和探索. 中国行政管理, 2014.

[14] 李建军, 崔树义. 世界各国智库研究, 北京: 人民出版社, 2010.

[15] 李静. 青少年网络欺凌问题与防范对策. 中国青年研究, 2009.

[16] 李伟. 探索中国特色新型智库发展之路. 淮海文汇, 2014.

[17] 林南. 社会资本: 关于社会行动与结构的理论. 上海人民出版社, 2004.

[18] 刘文新, 张平宇. 中国互联网发展的区域差距分析. 地理科学, 2003.

[19] 雷开春. 青年人的阶层地位信心及其影响因素. 青年研究, 2015.

[20] 刘爱河. 拾穗者: 甘当文化义工十余载, 守望故乡民间文化. 爱在故乡——2015爱故乡年度人物故事集, 2015.

[21] 陆士桢, 郑玲, 王丽英等. 对当代青年网络政治参与的理论分析. 中国青年研究, 2012.

[22] 陆士桢, 王蕾. 青年网络政治参与影响因素研究——基于定量研究的过程分析. 中国青年政治学院学报.

[23] 陆学艺, 王良刊, 刘庆. 从因特网应用看中国大陆的数字鸿沟. 管理学报, 2004.

[24] 吕效华, 吴炜. 阶层固化视角下教育对青年发展的影响. 中国青年研究, 2013.

[25] 邱均平, 汤建民. 中国智库理论研究的最新进展与趋势. 重庆大学学报(社会科学版), 2016.

[26] 石国亮, 徐子梁. 网络欺凌的界定及其特点分析. 中国青年研究, 2010.

[27] 宋爽. 青少年网络微公益参与行为分析与引导对策. 新闻与写作, 2013.

[28] 孙蔚. 国家治理视野下的中国特色新型智库. 中共中央党校学报, 2014.

[29] 唐果媛, 吕青. 我国智库研究文献的计量分析. 智库理论与实践, 2016.

[30] 涂月超. 奔走呼吁, 致力文保十年. 爱在故乡——2015爱故乡年度人物故事集, 2015.

[31] 王锡苓, 李惠民, 段京肃. 互联网在西北农村的应用研究: 以'黄羊川模式'为个案. 新闻大学, 2006.

[32] 王小青, 徐川, 刘晓等. 论大学生网络意见领袖的理论依据、特征及管理机制. 南京工程学院学报(社会科学版), 2013.

[33] 汪向东等. 中国: 面临互联网时代的新经济. 北京: 生活·读书·新知三联书店, 2003.

[34] 王铮. 美国兰德公司的运营特点与发展态势. 智库理论与实践, 2016.

[35] 王智宇. 基于社会网络分析法的大学生网络意见领袖研究——以人人网"凌久一"群为例. 大连理工大学学报, 2011.

[36] 吴庆. 中国青年网络公共参与的历史发展、本质及启示. 中国青年研究, 2011.

[37] 熊跃根. 论当代社会变迁中的社会资本建构与市民社会发展. 广东社会科学, 2005.

[38] 熊志强. 当前青年阶层固化现象及其原因探讨. 中国青年研究, 2013.

[39] 徐晓虎, 陈圻. 智库研究的历史演进及其趋势. 重庆社会科学, 2011.

[40] 薛澜, 朱旭峰. "中国思想库": 涵义, 分类与研究展望. 科学学研究, 2006.

[41] 薛伟贤, 王涛峰. "我国'数字鸿沟'的影响因素分析". 情报杂志, 2006.

[42] 杨安, 蒋合领, 王晴. 基于知识图谱分析的我国智库研究进展述评. 图书馆学研究, 2015.

[43] 杨琳, 李明志. 中国地区间数字鸿沟的现状与对策. 软科学, 2002。

[44] 杨学丽. 我国大学生意见领袖的网络素养研究.华中科技大学学报, 2010.

[45] 杨文伟, 马宁. 阶层固化的内在逻辑及负面效应. 社会科学论坛, 2015.

[46] 张乐. 青少年网络欺凌研究综述.中国青年研究, 2010.

[47] 张明新. 我国农村居民的互联网采纳的探索性研究. 科普研究. 2006.

[48] 赵延东. 社会资本理论的新进展. 国外社会科学, 2003.

[49] 郑素侠. 互联网在中国大陆扩散的区域性差异. 国际新闻界, 2007.

[50] 中国社科院新闻与传播所. 2003年北京、上海、广州、成都、长沙、西宁、呼和浩特青少年互联网采用、使用及其影响的调查报告, 2003.

[51] 中国互联网络信息中心. 第1次中国互联网络发展状况统计报告, 1999.12.

[52] 中国互联网络信息中心. 第20次中国互联网络发展状况统计报告, 2007.6.

[53] 中国互联网络信息中心. 第21次中国互联网络发展状况统计报告, 2008.1.

[54] 中国互联网络信息中心. 第43次中国互联网络发展状况统计报告, 2019.2.

[55] 中国互联网络信息中心. 农村互联网调查报告, 2008.1.

[56] 周红云. 社会资本: 布迪厄、科尔曼和帕特南的比较.经济社会体制比较, 2003.

[57] 周琪. 中国特色新型智库建设: 美国智库的组织结构及运作——以布鲁金斯学会为例. 人民论坛: 中旬刊, 2013.

[58] 朱旭峰. "思想库"研究: 西方研究综述. 国外社会科学, 2007.1.

[59] 朱旭峰. 构建中国特色新型智库研究的理论框架. 中国行政管理, 2014.

[60] 朱旭峰. 构建中国特色新型智库研究的理论框架. 理论参考, 2015.

[61] 祝建华, 何舟. 互联网在中国的扩散现状与前景: 2000年京、穗、港比较研究. 新闻大学, 2002.

[62] 祝玉红, 陈群, 周华珍等. 国外网络欺凌研究的回顾与最新进展. 中国青年研究, 2014.

[63] Adkins, L., Social capital: the Anatomy of a troubled concept. Feminist Theory, 2005.

[64] Ahmad, Mahmood., "US think tanks and the politics of expertise: role, value and impact." The Political Quarterly, 2008.

[65] Ainsworth, M. D. S., The Development of Infant-mother Attachment. In B. M. Caldwell, & H. N. Ricutti (Eds.), Review of Child Development Research: Vol. 3. Chicago, IL: University of Chicago Press, 1973.

[66] Andres, Lesley and Wyn, Johanna., The Making of a Generation: The Children ofthe '70s in Adulthood. Toronto: Toronto University Press, 2010.

[67] Anstead, N., & O'Loughlin, B., Social media analysis and public opinion: The 2010 UK general election. Journal of Computer‐Mediated Communication, 2015.

[68] Attewell, P. and J. Battle., "Home Computers and School Performance", The Information Society, 1999.

[69] Attewell, P., The First and Second Digital Divides. Sociology of Education, 2001.

[70] Bakardjieva, M., The Internet and subactivism: Cultivating young citizenship in everyday life. InT. Olsson & P. Dahlgren (Eds.), Young people, ICTs and democracy. Gothenburg, Sweden: Nordicom, 2010.

[71] Baumgartner, J, C, and Morris, SJ., My Face Tube politics: social networking web sites and political engagement of young adults. Social Science Computer Review, 2010.

[72] Beale, A. V. & Hall, K. R., Cyberbullying: What school administrators (and parents) can do[J]. Clearing House, 2007.

[73] Beck, Ulrich, Risk Society: Towards a New Modernity, (Trans.Mark Ritter), London: Sage Publications, 1992.

[74] Bennett, W., Lance., Civic Learning in Changing Democracies: Challenges for Citizenship and Civic Education, Center for Communication and Civic Engagement, Working Paper # 4. URL (Consulted September, 2014): http: //depts.washington.edu/ ccce/assets/ documents/bennet_civic_learning_in_changing_democracies.pdf, 2003.

[75] Beran, T., & Li, Q., Cyber-harassment: A study of a New Method for an Old Behavior. Journal of Educational Computing Research, 32(3), 2005.

[76] Beran, T.N., Rinaldi, C., Bickham, D. S. & Rich, M. Evidence for the Need to Support Adolescents Dealing with Harassment and Cyber-harassment: Prevalence, Progression, and Impact.School Psychology International, 2012.

[77] Besser, H., The Next Digital Divides.Retrieved March 10, 2008, from http: // tcla.gseis.ucla.edu/divide/politics/besser.html, 2004.

[78] Bian, Y., Bringing strong ties back in: Indirect ties, network bridges, and job searches in China. American Sociological Review, 1997.

[79] Bjerre-Poulsen, N., The Heritage Foundation: A second-generation think tank. Journal of Policy History, 1991.

[80] Blau, A., Access isn't enough. American Libraries, 2002.

[81] Bollen, J., Mao, H., & Pepe, A. Modeling public mood and emotion: Twitter sentiment and socio-economic phenomena. ICWSM, 2011.

[82] Bollen, J., Mao, H., & Zeng, X. Twitter mood predicts the stock market. Journal of computational science, 2011.

[83] Bond, R. M, Fariss, CJ, Jones. J. J, et al., A 61-million-person experiment in social influence and political mobilization. Nature, 489, 2012.

[84] Bourdieu, P., The production of belief: Contribution to an economy of symbolic goods. In: R. Collins., J. Curran., M. Garnham., P. Scannell., P. Schiesinger and C. Sparks, ed. Media, Culture and Society: A Critical Reader. London: Sage, 1986.

[85] Broos, A. and K. Roe., The Digital Divide in the Computer Generation: ICT Exclusion among Adolescents', paper presented at the "Digital Dynamics: Control, Participation and Exclusion" conference, Loughborough, November, 2003.

[86] Bullying UK., National Bullying Survey[R]. London: Bullying UK, 2006.

[87] Bullying UK., National Bullying Survey[R]. London: Bullying UK, 2016.

[88] Callahan, D., $1 billion for ideas: Conservative think tanks in the 1990s. National Committee for Responsive Philanthropy, 1999.

[89] Cassidy, W., Jackson, M. & Brown, K. N., Sticks and Stones Can Break My Bones, But How Can Pixels Hurt Me? Students' Experiences with Cyber-Bullying, School Psychology International, 30(4), 2009.

[90] Ceron, A., Curini, L., Iacus, S. M., & Porro, G. Every tweet counts? How sentiment analysis of social media can improve our knowledge of citizens' political preferences with an application to Italy and France. New Media & Society, 2014.

[91] Chadwick, A., Internet Politics. States, citizens, and new communication technologies. New York, NY: Oxford University Press, 2006.

[92] Chang, J., Rosenn, I., Backstrom, L., & Marlow, C. ePluribus: Ethnicity on Social Networks. ICWSM, 2010.

[93] Chen, W.and B.Wellman, Charting and Bridging Digital Divides: Comparing Socio-economic, Gender, Life Stage, and Rural–Urban Internet Access and Use in Eight Countries .Global Consumer Advisory Board, 2003.

[94] Chew, C., & Eysenbach, G., Pandemics in the age of Twitter: content analysis of Tweets during the 2009 H1N1 outbreak. PloS one, 2010.

[95] Christoforou, A., Is social capital a source for social reproduction or social transformation: Reflections on Pierre Bourdieu's Approach. The Joint Conference of AHE, IIPPE and FAPE, Political Economy and the Outlook for Capitalism. University of Paris, Paris, France, 2012.

[96] Civic Web, Uses of the web for civic participation. Retrieved August 24, 2013, from http: //www.civicweb.eu., 2008.

[97] Civic Web. A qualitative analysis of civic participation websites. Retrieved April 30, 2013, from http: //www.civicweb.eu., 2009.

[98]   Clark, L. "Challenges of Social Good in the World of 'Grand Theft Auto' and 'Barbie': A Case Study of a Community Computer Center for Youth", New Media & Society, 2003.

[99]   Colarossi, L. G., & Eccles, J. S., Differential Effects of Support Providers on Adolescents' Mental Health.Social Work Research, 2003.

[100] Coleman, J., Norms as social capital. In Economic Imperialism: The Economic Method Applied Outside the Field of Economics, ed. G Radnitzky, P Bernholz, New York: Paragon House, 1987.

[101] Coleman, J., Social capital in the creation of human capital.American Journal of Sociology, 1988.

[102] Coleman, J., Foundations of Social Theory. Cambridge, MA: Harvard University Press, 1990.

[103] Cook, T. E., Governing with the news: The news media as a political institution. University of Chicago Press, 1998.

[104] Coradini, O. L., The divergences between Bourdieu's and Coleman's notions of social capital and their epistemological limits. Social Science Information, 2010.

[105] Corbett, P., Facebook demographics and statistics report 2010. istrategy labs. URL: http: //www.istrategylabs.com/2010/01/facebook-demographics-and-statistics-report-2010-145-growth-in-1-year/, 2010.

[106] Covington, S., Moving a public policy agenda: The strategic philanthropy of conservative foundations. National Committee for Responsive Philanthropy, 1997.

[107] Cullen, R., Addressing the digital divide. Online Information Review, 2001.

[108] Dahlgren, P., Young citizens and new media: Learning from democratic participation. New York, NY: Routledge, 2007.

[109] Danielian, L. H., Network news coverage of interest groups: Implications for mass media and democracy (Doctoral dissertation, University of Texas at Austin), 1989.

[110] Dehue, F., Bolman, C., & Vollink, T. Cyberbullying: Young sters' Experiences and Parental Perception. Cyber Psychology & Behavior: The Impact of the Internet. Multimediaand Virtual Reality on Behavior and Society, 2008.

[111] Dodds, P. S., & Danforth, C. M. Measuring the happiness of large-scale written expression: Songs, blogs, and presidents. Journal of happiness studies, 2010.

[112] Ellison, N. B., Steinfield, C. and Lampe, C., The benefits of Facebook "friends": exploring the relationship between college students' use of online social networks and social capital. Journal of Computer-mediated Communication, 2007.

[113] Elmer, G., Live research: Twittering an election debate. New media & society, 2013.

[114] Faulks, K., Citizenship. London: Routledge, 2000.

[115] Franch, F., (Wisdom of the Crowds) 2: 2010 UK election prediction with social media. Journal of Information Technology & Politics, 2013.

[116] Fuentes-Bautista, M., Straubhaar, J., & Spence, J.NGOs and government: The social shaping of Internet from below. Working paper for the Telecommunication and Information Policy Institute, University of Texas at Austin, November, 2002.

[117] Furlong, A. and Cartmel., Young People and Social Change, New Perspectives, 2nd edition. Berkshire: Open University Press, 2007.

[118] Gans, H. J., Deciding what's news: A study of CBS evening news, NBC nightly news, Newsweek, and Time. Northwestern University Press, 1979.

[119] Gayo-Avello, D., Don't turn social media into another' Literary Digest' poll. Communications of the ACM, 2011.

[120] Gilbert, E., & Karahalios, K., Widespread Worry and the Stock Market. In ICWSM, 2010.

[121] Goldenberg, E. N., Making the papers: The access of resource-poor groups to the metropolitan press. Lexington, Mass: Lexington Books, 1975.

[122] Golding, P., "Forthcoming Features: Information and Communications and the Sociology of the Future", Sociology, 2002.

[123] Gonzalez-Bailon, S., Banchs, R. E., & Kaltenbrunner, A., Emotional reactions and the pulse of public opinion: Measuring the impact of political events on the sentiment of online discussions. arXiv preprint, 2010.

[124] Graber, D. A., & Dunaway, J., Mass media and American politics. Cq Press, 2014.

[125] Graham, T., What's Wife Swap got to do with it? Talking politics in the net-based public sphere (Doctoral dissertation). University of Amsterdam, Amsterdam, The Netherlands, 2009.

[126] Guo, L., Vargo, C. J., Pan, Z., Ding, W., & Ishwar, P., Big social data analytics in journalism and mass communication: Comparing dictionary-

based text analysis and unsupervised topic modeling. Journalism & Mass Communication Quarterly, 2016.

[127] Gutierrez, L. H., & Berg, S., Telecommunications liberalization and regulatory governance: Lessons from Latin America. Telecommunication Policy, 2000.

[128] Hargittai, E., Weaving the western Web: Explaining differences in Internet connectivity among OECD countries. Telecommunication Policy, 1999.

[129] Harris, Young People's Politics and Citizenship, in Andy Furlong (ed.) Handbook of Youth and Young Adulthood, London: Routledge, 2009.

[130] Hawkins, E.T., &Hawkins, K.ff., Bridging Latin America's digital divide: Government policies and Internet access. Journalism and Mass Communication Quarterly, 2003.

[131] Hawkins, R. P., &Pingree, S., Uniform messages and habitual viewing: Unnecessary assumptions in social reality effects. Human Communication Research, 1981.

[132] Hess, K., Tertius Tactics: "Mediated social capital" as a resource of power for traditional commercial news media. Communication Theory, 2013.

[133] Holland, J., Young People and social capital: uses and abuses? Young, 2009.

[134] Holloway, D. and L. Green, "The Sesame Street Effect: Work, Study, Play and the Family Internet", paper presented at the Australian and New Zealand Communications Association (ANZCA03) conference, Brisbane, Australia, July, 2003.

[135] Hounshell, David A., The Cold War, RAND, and the Generation of

Knowledge, 1946-1962. Santa Monica, CA: RAND, 1998.

[136] Jacka, T., Cultivating citizens: Suzhi (Quality) discourse in the PRC. Positions, 2009.

[137] Jackel, M., Inclusion, exclusion and the diversity of interests. Is "digital divide" an adequate perspective? paper prepared forInternational Association of Media and Communication Research and International Communication Association "Symposium on the Digital Divide", November 15-17, 2001, Austin, Texas, USA, 2001.

[138] Jenkins, H, From participatory culture to public participation. Available at: http: //sites. google.com/site/participatorydemocracyproject., 2011.

[139] Jensen, M. J., & Anstead, N., Psephological investigations: Tweets, votes, and unknown unknowns in the republican nomination process. Policy & Internet, 2013.

[140] Jung, J. Y., Qiu, J. L., & Kim, Y. - C., Internet connectedness and inequality: Beyond the "divide". Communication Research, 2001.

[141] Keeter, Scott, Zukin, Cliff, Andolina, Molly and Jenkins, Krista. The Civic and Political Health of a Nation: A Generational Portrait. CIRCLE and The Pew Charitable Trusts. URL (Consulted November, 2013): http: //www.civicyouth.org/research/products/youth_index.htm., 2002.

[142] Kestnbaum, M., Robinson, J. P., Neustadtl, A., & Alvarez, A., Information technologyand social time displacement. IT & Society, 2002.

[143] Kenski, K., & Stroud, N., Connections between Internet use and political efficacy, knowledge, and participation. Journal of Broadcasting & Electronic Media, 2006.

[144] Kipnis. A., The language of gifts: Managing Guanxi in a North China

village. Modern China, 1996.

[145] Kipnis, A. B., Producing Guanxi: Sentiment, Self, and Subculture in A North China Village. Durham: Duke University Press Books, 1997.

[146] Kipnis. A., Suzhi: A keyword approach. China Quarterly, 2006.

[147] Knight, J. and Yueh, L., The role of social capital in the labour market in China. Economics of transition, 2008.

[148] Kowalski, R. M., Limber, S. P., & Agatston, P. W., Cyberbullying: Bullying in the Digital Age (2nd ed.).Wiley-Blackwell Publishing Ltd., 2012.

[149] Kraut, R. E., Scherlis, W., Patterson, M., Kiesler, S., & Mukhopadhyay, T., Social impact of the Internet. What does it mean? Communications of the ACM, 1998.

[150] Kugo, A., Yoshikawa, H., Shimoda, H., & Wakabayashi, Y., Text mining analysis of public comments regarding high-level radioactive waste disposal. Journal of Nuclear Science and Technology, 2005.

[151] Lampe, C., Ellison, N. and Steinfield, C., A Face(book) in the crowd: Social searching vs. social Browsing. The 2006 20th Anniversary Conference on Computer Supported Cooperative Work. New York, 2006.

[152] Lareau, A., Social class and family—school relationships: the importance of cultural capital. Sociology of Education, 1987.

[153] Lareau, A., Home Advantage: Social Class and Parental Intervention in Elementary Education. Philadelphia: Falmer Press, 1989.

[154] Lareau, A. and Horvat, E. M., Moments of social inclusion and exclusion; race, class, and cultural capital in family-school relationships. Sociology of Education, 1999.

[155] Lareau, A. and Schumar, W., The Problem of Individualism in Family-school policies. Sociology of Education [Special issue on sociology and education Policy], 1996.

[156] Lee, C. J., & Sohn, D., Mapping the Social Capital Research in Communication A Bibliometric Analysis. Journalism & Mass Communication Quarterly, 2015.

[157] Legal perspective: UK law [EB/OL] .(2016-5-16) [2017-02-14]. https://www.cybersmile.org/advice-help/category/cyberbullying-and-the-law.

[158] Li, C., Cleavage and Fragment: An Empirical Analysis of the Social Stratification of the Contemporary China. Beijing: Social Sciences Academic Press, 2005.

[159] Lievrouw, Leah A. and Livingstone, Sonia (eds), Handbook of New Media: Social Shaping and Consequences of ICTs, London: Sage, 2002.

[160] Liu, Y., Huang, X., An, A., & Yu, X., ARSA: a sentiment-aware model for predicting sales performance using blogs. In Proceedings of the 30th annual international ACM SIGIR conference on Research and development in information retrieval, ACM, 2007.

[161] Livingstone, S., The challenge of engaging youth online: Contrasting producers' and teenagers' interpretationsof websites. European Journal of Communication, 2007.

[162] Livingstone, S., M .Bober, UK Children Go Online: Surveying the Experiences of Young People and Their Parents. London: London School of Economics and Political Science, 2004.

[163] Livingstone, S., & Haddon, L., Risky Experiences for Children Online: Charting European Research on Children and the Internet. Children &

Society, 2008.

[164] Livingstone, S., M. Bober and E.J. Helsper, Internet Literacy: Among Children and Young People: Findings from the UK Children Go Online Project. London: London School of Economics and Political Science. URL: www.children-go-online.net, 2005.

[165] Livingstone, S., E. Helsper, Gradations in Digital Inclusion: Children, Young People and the Digital Divide. New Media Society, 2007.

[166] Loges, W. E., &Jung, J. -Y., Exploring the digital divide: Internet connectedness and age.Communication Research, 2001.

[167] Lomborg, S., & Bechmann, A., Using APIs for data collection on social media. The Information Society, 2014.

[168] Marczak, M., & Coyne, L. Cyberbullying at school: good practice and legal aspects in the united kingdom[J]. Australian Journal of Guidance & Counselling, 2010.

[169] Mayfield, A., 什么是社会化媒体. Spannerworks, 2008.

[170] McDonough, P. M., Choosing Colleges: How Social Class and Schools Structure Opportunity. Albany: State University of New York Press, 1997.

[171] Miller, J. D., & Hufstedler, S. M. Cyberbullying knows no borders[C]. Paper presented at the Annual Conference of the Australian Teacher Education Association (ATEA). Albury: Australian Teacher Education Association, 2009: 5.

[172] Ministerial Committee on Education, Employment, Training and Youth Affairs (MCEETYA). National Assessment Program — Civics and Citizenship Years 6 and 10 Report. Canberra: Commonwealth Government, 2009.

[173] Mishna, F. , Saini, M., & Solomon, S., Ongoing and Online: Children and Youth's Perceptions of Cyber Bullying, Children and Youth Services Review, 2009.

[174] Mishne, G., & Glance, N. S. (2006, March). Predicting Movie Sales from Blogger Sentiment. In AAAI Spring Symposium: Computational Approaches to Analyzing Weblogs.

[175] Mislove, A., Lehmann, S., Ahn, Y. Y., Onnela, J. P., & Rosenquist, J. N. Understanding the Demographics of Twitter Users. ICWSM, 2011.

[176] Moy, P., Scheufele, D. A., & Holbert, L., Television use and social capital: Testing Putnam's time displacement hypothesis. Mass Communication and Society, 1999.

[177] Munzert, S., Rubba, C., Meißner, P., & Nyhuis, D. (2014). Automated data collection with R: A practical guide to web scraping and text mining. John Wiley & Sons.

[178] Murphy, R., Turning peasants into modern Chinese citizens: "population quality" discourse, demographic transition and primary education. The China Quarterly, 2004.

[179] Murphy, R., Citizenship education in rural China: The disposi- tional and technical training of cadres and farmers. Chinese Citizenship: Views from the Margins. London and New York: Routledge, 2006.

[180] Murphy, R., The Narrowing digital divide: a view from rural China. In: M. K. Whyte, ed. One Country, Two Societies: Rural-Urban Inequality in Contemporary China. Harvard University Press, 2010.

[181] Nagaraj, N., The other divides. Business line, April 24, 2002.

[182] National Telecommunication and Information Administration., Falling

Through the Net: A Survey of the "Have Nots" in Rural and Urban America, 1995.

[183] National Telecommunication and Information Administration., Falling Through the Net II: New Data on the Digital Divide, 1998.

[184] National Telecommunication and Information Administration., A Nation Online: Entering the Broad band Age, 2004.

[185] Natriello, G., Bridging the second digital divide: What can sociologists of education contribute? Sociology of Education, 2001.

[186] Nie, N., &Erbring, L., Internet and society: A preliminary report. Stanford, CA: Stanford Institute for the Quantitative Study of Society, 2000.

[187] Norris, P., Does television erode social capital? A reply to Putnam.PS: Political Science & Politics, 1996.

[188] Norris, P., Virtual democracy. Harvard International Journal of Press/Politics, 1998.

[189] Norris, P., Digital divide?: Civic engagement, information poverty, and the Internet worldwide. New York: Cambridge University Press, 2001.

[190] O'Connor, B., Balasubramanyan, R., Routledge, B. R., & Smith, N. A., From tweets to polls: Linking text sentiment to public opinion time series. ICWSM, 2010.

[191] Oi, J.C., Rural China Takes Off: Institutional Foundations of Economic Reform. Berkeley: University of California Press, 1999.

[192] Olsson, T., For activists, for potential voters, for consumers: Three modes of producing the civic web. Journal of Youth Studies, 2008.

[193] Östman, J., Information, expression, participation: how involvement in

user-generated content relates to democratic engagement among young people. New Media & Society, 2012.

[194] Östman, J., When private talk becomes public political expression: examining a practice field hypothesis of youth political development. Political Communication, 2013.

[195] Pasek, J., Kenski, K., Romer, D., & Jamieson, K. H., America's youth and community engagement. How use of mass media is related to civic activity and political awareness in 14- to 22-year-olds. Communication Research, 2006.

[196] Patchin, J. W., & Hinduja, S., Bullies Move beyond the Schoolyard: A Preliminary Look at Cyberbullying.Youth Violence and Juvenile Justice, 2006.

[197] Patchin, J. W., & Hinduja, S., Cyberbullying: An Update and Synthesis on the Research. In J. W. Patchin & S. Hinduja (Eds.), Cyberbullying Prevention and Response: Expert Perspectives. New York: Routledge, 2012.

[198] Portes, A., Social capital: Its origins and applications in modern sociology. Annual Review of Sociology, 1998.

[199] Putnam, R., Making Democracy Work: Civic Traditions in Modern Italy. Princeton, NJ: Princeton University Press, 1993.

[200] Putnam, R., Bowling Alone: The Decline and Revival of Civic America. New York: Simon & Schuster, 2000.

[201] Quan-Haase, A., & Wellman, B., How does the Internet affect social capital? In M. Huysman & V. Wulf (Eds.), Social capital and information technology .Cambridge, MA: MIT Press, 2004.

[202] RAND at a Glance[EB/OL].[2016-10-20]. http: //www.rand.org/about/glance.html.

[203] RAND Corporation, 2016. 2015 RAND Annual Report, http: //www.rand.org/pubs/corporate_pubs/CP1-2015.html.

[204] Rich, A., & Weaver, R. K., Think tanks in the US media. The Harvard International Journal of Press/Politics, 2000.

[205] Robbins, D.M., The transcultural transferability of Bourdieu's sociology of education. British Journal of the Sociology of Education, 2004.

[206] Robinson, J.P., Kestnbaum, M., Neustadtl, A., &Alvarez, A., Mass media use and social life among Internet users. Social Science Computer Review, 2000.

[207] Rokach, A., Loneliness Updated: An introduction. The Journal of Psychology, 2012.

[208] Sabella, R. A., Patchin, J. W., & Hinduja, S., Cyberbullying Myths and Realities. Computers in Human Behavior, 2013.

[209] Sang, E. T. K., & Bos, J., Predicting the 2011 dutch senate election results with twitter. In Proceedings of the workshop on semantic analysis in social media. Association for Computational Linguistics, 2012.

[210] Shah, D. V., McLeod, J. M., & Yoon, S. H., Communication, context, and community: An exploration of print, broadcast, and internet influences. Communication Research, 2001.

[211] Shamma, D. A., Kennedy, L., & Churchill, E. F., Tweet the debates: understanding community annotation of uncollected sources. In Proceedings of the first SIGMM workshop on Social media, 2009.

[212] Sheng, X. M., Cultural capital and gender differences in parental

involvement in children's schooling and higher education choice in China. Gender and Education, 2012.

[213] Shi, W., Wang, H., & He, S., Sentiment analysis of Chinese microblogging based on sentiment ontology: a case study of "7.23 Wenzhou Train Collision". Connection Science, 2013.

[214] Siurala, L., Changing Forms of Participation, unpublished paper presented at New Forms of Youth Participation, Round Table, Council of Europe, 2000.

[215] Slonje, R., & Smith, P., Cyberbullying: Anothermain Type of Bullying? Scandinavian Journal of Psychology, 2008.

[216] Smith, P. K., Mahdavi, J., Carvalho, M., Fisher, S., Russell, S., & Tippett, N. Cyberbullying: Its nature and impact in secondary school pupils[J]. Journal of Child Psychologyand Psychiatry, 2008.

[217] Sorauf, F. J., Campaign money and the press: Three soundings. Political Science Quarterly, 1987.

[218] Spears, R., T.Postmes, A.Wolbert, M.Lea and P.Rogers Social Psychological Influence of ICTs on Society and Their Policy Implications. Amsterdam: Infodrome, 2000.

[219] Stanton-Salazar, R. D. and Dornbusch, S. M., Social capital and the reproduction of inequality: Information networks among Mexican-origin high school students. Sociology of Education, 1995.

[220] Stanton-Salazar, R. D., A social capital framework for understanding the socialization of racialminority children and youth. Harvard Educational Review, 1997.

[221] Steinfield, C., Ellison, N. B. and Lampe, C., Social capital, self-esteem,

and use of online social network sites: A longitudinal analysis. Journal of Applied Developmental Psychology, 2008.

[222] Strayhorn, T., Sex differences in use of Facebook and MySpace among firs tyear college students. Stud. Affairs, 2009.

[223] Tokunaga, R. S., Following You Home from School: A Critical Review and Synthesis of Research on Cyberbullying Victimization. Computers in Human Behavior, 2010.

[224] Torney-Purta, Judith, Lehmann, Rainer, Oswald, Hans, and Schulz, Wolfram. Citizenship and Education in Twenty-eight Countries: Civic Knowledge and Engagementat Age Fourteen. Amsterdam: International Association for the Evaluation of Educational Achievement, 2001.

[225] Tumasjan, A., Sprenger, T. O., Sandner, P. G., & Welpe, I. M., Predicting elections with twitter: What 140 characters reveal about political sentiment. Icwsm, 2010.

[226] Tumasjan, A., Sprenger, T. O., Sandner, P. G., & Welpe, I. M., Election forecasts with Twitter: How 140 characters reflect the political landscape. Social science computer review, 2011.

[227] UCLA Internet Report., Surveying the digital future. Los Angeles: UCLA Center for Communication Policy, 2000.

[228] Upton Jr, G., Does attractiveness of candidates affect election outcomes. URL: http: // com/ lib/ files/ AttractivePoliti cians. pdf. Veltri, G. A., Microblogging and nanotweets: Nanotechnology on Twitter. Public Understanding of Science, 2010.

[229] van Dijk, J., The Network Society, Social Aspect of the New Media. London: Sage, 1999.

[230] van Dijk, J., Widening Information Gaps an Policies of Prevention. In K. Hacker & J.van Dij (Eds.) Digital Democracy, Issues of Theory and Practice.London: Sage, 2000.

[231] van Dijk, J., A framework for digital divide research. Electronic Journal of Communication, 2002.

[232] Veltri, G. A., Microblogging and nanotweets: Nanotechnology on Twitter. Public Understanding of Science, 2013.

[233] Vinken, H., Young People's Civic Engagement: The Need for New Perspectives, in Helena Helve and Gunilla Holm (eds) Contemporary Youth Research: Local Expressions and Global Connections, Aldershot: Ashgate, 2005.

[234] Wade, R. H., Bridging the digital divide: New route to development or new form of dependency? Global Governance, 2002.

[235] Wallis, C., Technomobility in the Margins: Mobile Phones and Young Rural Women in Beijing. Unpublished Ph.D. dissertation. University of Southern California, 2008.

[236] Weaver, D. H., & Wilhoit, G. C., The American journalist: A portrait of US news people and their work. Indiana University Press, 1991.

[237] Weiss, C., & Singer, E., Reporting of social science in the national media. Russell Sage Foundation, 1988.

[238] Wilkerson, J., & Casas, A., Large-Scale Computerized Text Analysis in Political Science: Opportunities and Challenges. Annual Review of Political Science, 2017.

[239] Williams, D., On and off the' Net: Scales for social capital in an online era. Journal of Computer - Mediated Communication, 2006.

[240] Williams, C., & Gulati, G., What is a social network worth? Facebook and vote share in the 2008 presidential primaries. American Political Science Association, 2008.

[241] Wilson, T., Hoffmann, P., Somasundaran, S., Kessler, J., Wiebe, J., Choi, Y., ... & Patwardhan, S., OpinionFinder: A system for subjectivity analysis. In Proceedings of hlt/emnlp on interactive demonstrations. Association for Computational Linguistics, 2005.

[242] Woolcock, M., The rise and routinization of social capital, 1988-2008. Annual review of political science, 2010.

[243] Wojcieszak, M.E. and Mutz, D.C., Online groups and political discourse: do online discussion spaces facilitate exposure to political disagreement? Journal of Communication, 2009.

[244] Wu, Y., Cultural capital, the state, and educational inequality in China, 1949–1996. Sociological Perspectives, 2008.

[245] Yan, Y. X., The Culture of Guanxi in a North China Village. The China Journal, 1996.

[246] Yan, Y., The Chinese path to individualization. The British journal of sociology, 2010.

[247] Yang, M. M., Gifts, Favors, and Banquets: The Art of Social Relationships in China. Ithaca, New York: Cornell University Press, 1994.

[248] Yeung, D., Elson, S. B., Roshan, P., Bohandy, S. R., & Nader, A., Can Social Media Help Analyze Public Opinion? A Case Study of Iranian Public Opinion After the 2009 Election, 2012.

[249] Yuan, Y. C., & Gay, G., Homophily of network ties and bonding and

bridging social capital in computer-mediated distributed teams. Journal of Computer-Mediated Communication, 2006.

[250] Zhang, W., Johnson TJ, Seltzer T, et al. The revolution will be networked: the influence of social networking sites on political attitudes and behavior. Social Science Computer Review, 2009.

[251] Zhao, J., Dong, L., Wu, J., & Xu, K., Moodlens: an emoticon-based sentiment analysis system for chinese tweets. In Proceedings of the 18th ACM SIGKDD international conference on Knowledge discovery and data mining. ACM, 2012.

[252] Zhou, X., Survey of the Chinese Middle Classes. Beijing: Social Science Academic Press, 2005.